乡村振兴背景下乡村旅游发展与村落景区构建研究

邱 月 ◎ 著

吉林出版集团股份有限公司
全国百佳图书出版单位

图书在版编目（CIP）数据

乡村振兴背景下乡村旅游发展与村落景区构建研究 / 邱月著 . -- 长春：吉林出版集团股份有限公司，2022.11

ISBN 978-7-5731-2826-3

Ⅰ . ①乡… Ⅱ . ①邱… Ⅲ . ①乡村旅游 – 旅游业发展 – 研究 – 中国 Ⅳ . ① F592.3

中国版本图书馆 CIP 数据核字 (2022) 第 233131 号

乡村振兴背景下乡村旅游发展与村落景区构建研究
XIANGCUN ZHENXING BEIJINGXIA XIANGCUN LÜYOU FAZHAN YU CUNLUO JINGQU GOUJIAN YANJIU

著　　者	邱　月
责任编辑	王　宇
封面设计	李　伟
开　　本	710mm×1000mm　　1/16
字　　数	200 千
印　　张	11.25
版　　次	2023 年 9 月第 1 版
印　　次	2023 年 9 月第 1 次印刷
印　　刷	天津和萱印刷有限公司

出　　版	吉林出版集团股份有限公司
发　　行	吉林出版集团股份有限公司
地　　址	吉林省长春市福祉大路 5788 号
邮　　编	130000
电　　话	0431-81629968
邮　　箱	11915286@qq.com
书　　号	ISBN 978-7-5731-2826-3
定　　价	72.00 元

版权所有　翻印必究

前 言

近年来，随着社会经济的不断发展和提高，人们的物质生活水平也在不断改善，无论城市还是乡村，人们的收入都在不断提高，各方面的需求也在不断改变。然而，值得注意的是，城市和乡村之间，各方面的差距由来已久，即使是现在仍然在很多方面存在较大差异。城市往来人口众多，与外界的文化交流和经济接触都比乡村要方便很多，而乡村虽然有着人口资源和地理优势，却往往不被人们所重视，这就导致乡村的发展潜力迟迟没有完全发挥出来。在我国乡村振兴战略的指导下，乡村的各个方面得到了很大程度的改善与进步，乡村旅游业取得的成就是令人瞩目的。但是在乡村旅游的范畴里，村落景区的研究依然是一个十分重要的课题。

本书第一章为乡村振兴战略概述，分别介绍了乡村振兴战略的历史背景和相关概念、乡村振兴战略的实施要点与思路、乡村振兴战略的实施意义、乡村振兴战略的推进方法；第二章为乡村旅游概述，分别介绍了乡村旅游的相关概念和发展历史、乡村旅游的具体需求、乡村旅游的环境分析、乡村旅游的旅游模式；第三章为乡村振兴背景下乡村旅游的市场规划，分别介绍了乡村振兴背景下乡村旅游的战略背景、乡村振兴背景下乡村旅游的市场规划理念和特征、乡村振兴背景下乡村旅游的市场分析和发展定位、乡村振兴背景下乡村旅游的发展策略与规划分析；第四章为乡村振兴背景下乡村旅游的资源发展，分别介绍了乡村振兴背景下乡村旅游的资源组成结构和分类、乡村振兴背景下乡村旅游的资源特点与评价、乡村振兴背景下乡村旅游的资源开发和资源凭借、乡村振兴背景下乡村旅游的资源的区域分析；第五章为乡村振兴背景下村落景区的构建，分别介绍了景区边缘型乡村旅游的发展动因与发展现状、景区边缘型乡村旅游的开发原则和开发措施、乡村振兴背景下村落景区的资源要素和景区分类、乡村振兴背景下的村落景区规划和发展模式；第六章为乡村旅游的可持续发展和国内外发展实例，分别介绍了乡村旅游的可持续发展的内容概述、乡村旅游的可持续发展的发展前景、国内乡村旅游的发展实例、国外乡村旅游的发展实例。

  在撰写本书的过程中，作者得到了许多专家学者的帮助和指导，参考了大量的学术文献，在此表示真诚的感谢！限于作者水平的不足，加之时间仓促，本书难免存在一些疏漏，在此，恳请同行专家和读者朋友批评指正！

邱月

2022 年 9 月

目 录

第一章 乡村振兴战略概述 ·· 1
 第一节 乡村振兴战略的历史背景和相关概念 ······················ 1
 第二节 乡村振兴战略的实施要点与思路 ···························· 7
 第三节 乡村振兴战略的实施意义 ······································ 17
 第四节 乡村振兴战略的推进方法 ······································ 20

第二章 乡村旅游概述 ·· 25
 第一节 乡村旅游的相关概念和发展历史 ··························· 25
 第二节 乡村旅游的具体需求 ··· 31
 第三节 乡村旅游的环境分析 ··· 38
 第四节 乡村旅游的旅游模式 ··· 51

第三章 乡村振兴背景下乡村旅游的市场规划 ························· 57
 第一节 乡村振兴背景下乡村旅游的战略背景 ···················· 57
 第二节 乡村振兴背景下乡村旅游的市场规划理念和特征 ····· 60
 第三节 乡村振兴背景下乡村旅游的市场分析和发展定位 ····· 63
 第四节 乡村振兴背景下乡村旅游的发展策略与规划分析 ····· 70

第四章 乡村振兴背景下乡村旅游的资源发展 ························· 81
 第一节 乡村振兴背景下乡村旅游的资源组成结构和分类 ····· 81

第二节　乡村振兴背景下乡村旅游的资源特点与评价 ················ 87
  第三节　乡村振兴背景下乡村旅游的资源开发和资源凭借 ············ 89

第五章　乡村振兴背景下村落景区的构建 ································ 107
  第一节　景区边缘型乡村旅游的发展动因与发展现状 ················ 107
  第二节　景区边缘型乡村旅游的开发原则和开发措施 ················ 111
  第三节　乡村振兴背景下村落景区的资源要素与景区分类 ············ 117
  第四节　乡村振兴背景下的村落景区规划与发展模式 ················ 121

第六章　乡村旅游的可持续发展和国内外发展实例 ······················ 135
  第一节　乡村旅游的可持续发展的内容概述 ······················· 135
  第二节　乡村旅游的可持续发展的发展前景 ······················· 142
  第三节　国内乡村旅游的发展实例 ······························· 147
  第四节　国外乡村旅游的发展实例 ······························· 154

参考文献 ·· 173

第一章 乡村振兴战略概述

对于乡村经济发展来说，乡村振兴战略是十分重要的。本章主要介绍乡村振兴战略的历史背景和相关概念、乡村振兴战略的实施要点与思路、乡村振兴战略的实施意义以及乡村振兴战略的推进。

第一节 乡村振兴战略的历史背景和相关概念

一、乡村振兴战略的历史背景

（一）我国"三农"政策的变迁

在 21 世纪之前，我国实施的是农业支持工业的经济发展战略，通过在农村中汲取资金来支持工业的发展，而在 21 世纪之后，我国工业发展进入了一个新的阶段，为此我国实施了工业反哺农业的发展战略。2002 年，在党的十六大报告中明确提出统筹城乡经济社会发展的战略，在此之后我国逐渐加强对三农建设的重视程度，并于 2003 年将解决好三农问题作为党的工作的重中之重。2004 年十六届四中全会上又提出了"两个趋向"的论断：第一个趋向，一个国家在工业发展的初期阶段，都是通过农业支持工业的方式，通过在农村中汲取大量的资金来推动国家工业经济的发展；第二个趋向，当一个国家的工业发展到一定程度时，工业会反过来支持农业经济的发展，并不断实现工农业协调发展，一般理论界将这一阶段称之为工业化中期阶段。换句话来讲，也就是说一个国家的工业经过一定时期的发展，工业体系已经基本形成，同时也有了大量的资金积累，不再需要农业的支持，而由于工业发展初期，农业将大量的资金用于推动工业经济的发展，为此农业发展相对滞后，此时便需要工业对农业进行输血。

从教育角度来看，在2003年之前城乡之间的教育存在明显的差距，在这一时期，农村的学校大部分都是民办学校，也就是农民自己集资开办的学校。从医疗水平来看，在2003年之前城乡之间的医疗水平也存在明显的差距，大部分的农民没有医疗保障，也正是由于这一方面的原因，我国在2003年之后开始在部分农村地区开展新型农村合作医疗试点工作，这一工作的开展得到广大农民的支持，其普及范围也迅速扩大，截至2007年我国开展新型农村合作医疗的县占全国总数的85.5%，参加新型农村合作医疗的人数达到7.26亿，参合率达86%，2008年6月我国实现了新型农村合作医疗全覆盖的目标。

2005年3月，十届全国人大三次会议对解决三农问题做了进一步的指示，并提出为了尽快适应我国现阶段的经济发展要求，要稳步推进工业反哺农业、城市支持农村的战略方针，最大程度上调整国民收入分配格局，推动我国农村和农业的健康发展。

2005年10月，党的十六届五中全会提出"建设社会主义新农村是我国现代化进程中的重大历史任务"。2006年中央一号文件部署了推进社会主义新农村建设，提出了"五句话、二十个字"，即生产发展、生活宽裕、乡风文明、村容整洁、管理民主。这一阶段，我国推行了农业税收减免政策。2004年，《中共中央国务院关于促进农民增加收入若干政策的意见》提出要"逐步降低农业税税率，2004年农业税税率总体上降低1%，同时取消除烟叶外的农业特产税"。2005年中央一号文件提出，"减免农业税、取消除烟叶以外的农业特产税""进一步扩大农业税免征范围，加大农业税减征力度"。2005年12月29日，十届全国人大常委会第十九次会议通过了关于废止农业税条例的决定。

自2004年之后，我国针对农业经济发展，先后实行了"四大补贴"政策：第一，良种补贴。此项补贴政策在2002年进行了试点，试点成功之后于2004年在全国范围内推广，现阶段我国良种补贴的农产品品种主要涉及种植业、畜牧业、渔业。第二，种粮农民直接补贴。此项补贴政策于2004年正式实施，它主要是按照农民所承包的土地的数量给予相应的补贴。第三，农机购置补贴。这项补贴政策主要是针对农民购买农机具设置的补贴，在政策实施之初是按照购买农机具费用的1/3进行补贴，到后来更改为定额补贴。第四，农资综合补贴。此项农业补贴政策实行于2006年，这个政策的实施主要是为了应对农业生产资料上涨而带来的问题，随着我国社会经济的发展，无论是农业劳动力，还是农业原料，如化肥、种子等，其价格逐渐上升，因此为了推动农业经济发展实施了农业生产资料综合补贴。

2004年，为了进一步推动我国农业经济的发展，我国政府针对主要农产品实施了最低收购价的保护政策。其中2004年和2005年主要针对稻谷实施了最低收购价政策，2006年针对小麦实施了最低收购价政策，而后我国政府也陆续对其他的农产品采取了一定的价格保护政策。由于我国长期采取农产品最低收购价格保护政策，2008年我国农产品的收购价格已经超出国际市场同类农产品的价格，2015年和2016年我国主要农产品的价格已经远远超过国际市场的价格。针对这种情况，我国政府需要加强对农产品价格形成机制的改革，2014年我国政府对粮食价格形成机制进行了改革，此次改革的对象是大豆和棉花，2016年我国财政部门又颁发了《关于建立玉米生产者补贴制度的实施意见》，取消了玉米的临时收储政策，实行生产者补贴政策。

从公共事业角度来看，2006年我国对西部地区农村义务教育进行了改革，取消了义务教育阶段学生所有的学杂费，此后在2007年在取消了全国农村义务教育阶段学生的学杂费。此外，2007年国务院颁发了《关于在全国建立农村最低生活保障制度的通知》，该制度的颁布标志着我国政府开始着手开展农村最低生活保障工作。从居民养老保险制度来看，2007年10月，党的十七大报告强调，"覆盖城乡居民的社会保障体系基本建立，人人享有基本生活保障"，并强调要"探索建立农村养老保险制度"。2009年，国务院发布了《关于开展新型农村社会养老保险试点的指导意见》，从2009年开始实施。新农保试点的基本原则是"保基本、广覆盖、有弹性、可持续"。其中"保基本"指的是为农民提供最基本的养老生活保障；"广覆盖"指的是逐渐提升农村养老保险的覆盖范围，力争将所有的农民纳入养老保险制度之中。2014年，国务院印发了《关于建立统一的城乡居民基本养老保险制度的意见》，在此意见中强调要在十二五期间实现新农保与城市职工基本养老保险的衔接。

自党的十八大以来，我国关于农业及农村的相关政策集中体现在一号文件之中，如2013年中央一号文件——《中共中央国务院关于加快发展现代农业进一步增强农村发展活力的若干意见》便包含农业及农村相关政策，在该文件的第六部分中对优化完善农村公共服务机制，优化城乡公共资源配置做出了规定，此外一号文件还强调要加强"美丽乡村"的建设步伐。另外，2014年中央一号文件对城乡一体化建设做出了规定，并逐步开展农村居住环境改善工作。2015年中央一号文件提出了建设社会主义新农村、提升社会主义新农村建设水平等口号。2017年中央一号文件强调"壮大新产业新业态，拓展农业产业链价值链""大力发展乡村休闲旅游产业""培育宜居宜业特色村镇"，"支持有条件的乡村建设以农民合作社为主要载体、让农民充分参与和受益，集循环农业、创意农业、农事体验于一体的田园综合体"。

（二）"三农"工作取得的成效

根据国家统计局数据，我国农业在2004年至2015年之间得到了快速的发展，粮食产量呈逐渐增加的趋势，虽然在2016年我国粮食产量有所下降，但是下降的并不是很明显，而后在2017年我国粮食总产量也呈回升的趋势。从整体上来讲，2004年至2017年我国粮食产量的发展趋势良好。

随着我国社会经济的发展，2013年以来我国每年都会减少将近1000万以上的贫困人口。自党的十八大以来，我国已经陆续完成了580万人的易地扶贫搬迁建设任务。从某种意义上来讲，居住地的环境也是造成贫困的主要原因之一，那些不适合人类生存的地方势必会导致贫困，为此将这些地区的人迁移至更加适合生存、更加适合创业的地方。根据我国第三次全国农业普查数据得知，截至2016年底，全国99.3%的农村都通上了公路，约61.9%的农村主要道路安装了路灯，此外约99.7%的农村实现了通电，91.3%的乡镇集中或部分集中供水，90.8%的乡镇生活垃圾集中处理或部分集中处理，73.9%的村生活垃圾集中处理或部分集中处理，17.4%的村生活污水集中处理或部分集中处理，53.5%的村完成或部分完成改厕。从农户来看，10995万户的饮用水为经过净化处理的自来水，占47.7%；使用水冲式卫生厕所的8339万户，占36.2%，也就是说，1/3以上的农户已经使用水冲式卫生厕所了；无厕所的469万户，占2.0%。

（三）"三农"工作面临的形势

"十三五"期间，我国农业及农村发展发生了一系列的变化，从宏观上来看，无论是农业农村发展的外部条件，还是内在动因都发生了深刻的变化，而这些变化既给农村农业发展带来了机遇，同时也带来了挑战。

从有利的方面来看，其主要表现在以下四个方面：第一，党中央对三农问题的重视程度逐渐提升，加快发展农业农村经济成为我国政府工作的重心。此外，现阶段我国处于经济发展良好的发展阶段，同时强农惠农等政策也日益完善。第二，现阶段我国粮食等农产品的供给十分充足，城乡居民的消费结构也得到进一步的优化升级，与此同时我国即将迎来新一轮的科技革命和产业革命，这为农业发展提供了强有力的支持。第三，我国农村改革和城乡一体化进程逐渐加快，这在无形中激发了农村发展的活力，也为推动我国农业和农村的发展起到了积极的作用。第四，当前全球经济一体化进程逐渐加快，同时我国制定并实施了"一带一路"的战略，这样可以很好地利用国际国内两个市场，也可以有效利用国际和国内资源，缓解了国内资源环境的压力，优化了我国农业结构。

从不利的方面来看，其具体表现在以下几个方面：第一，当前我国农业供给侧结构性改革面临诸多困难，玉米等主要粮食出现了库存积压严重与优质化、多样化农产品供给不足并存的问题。此外，随着社会经济的快速发展，农业生产成本呈逐年上升的发展趋势，然而农业生产基础设施发展并不是很理想，存在发展滞后的问题，另外我国农产品还存在产品质量方面的问题，将会在国际市场上面临较大的压力。第二，农业资源环境问题日益严重。当下，我国大部分农村出现了水土资源紧张的问题，同时一些地区的农用耕地的基础生产力也有所下降。此外，随着农村年轻人外出务工的人数增加，农村的劳动力呈老龄化的发展趋势，同时农村也缺乏技术型、专业型的新型农民。第三，现阶段，我国经济发展已经进入了一个新的阶段，经济发展速度逐渐趋于平稳。第四，城乡二元结构问题较为突出，在这样的经济结构环境下，城乡之间的资源配置存在明显的差距，尤其是农村的基础设施与公共服务水平较低，减小城乡之间的差距任重而道远。

二、乡村振兴战略的相关概念

（一）乡村振兴战略和城市化战略的关系

乡村振兴战略制定与实施的目的是为了缩小城乡之间的差距，它与我国城市化发展战略并不冲突。换句话来讲，乡村振兴战略的实施并不是要中止我国城市化发展战略。从某种意义上来讲,想要实现乡村振兴,务必要将乡村振兴战略置于城乡融合、城乡一体化的架构之中,并在此基础上利用新型城市化战略来引领乡村振兴战略的实施,从而实现乡村振兴的目标。

从某种意义上来讲,乡村振兴战略实施的重点与任务不仅在乡村,同时也在乡村之外。如果想要快速实现乡村振兴战略目标,我们务必要开阔眼界,不仅要重视乡村内部建设,同时也要重视乡村振兴外部环境的建设。由于我国的城乡二元结构具有社会保障和财产权利双层二元的特性,从破解城乡二元结构的体制机制的角度看,以城乡社会保障体制和农村集体产权制度为重点的三大联动改革,即城乡联动、区域联动,以及中央和地方联动的改革,应当融入乡村振兴战略框架之中,并将其作为乡村振兴战略实施的基本驱动力。简而言之,破除城乡二元经济结构、加强城乡一体化建设以及城乡融合是实施乡村振兴战略的必要条件。

(二)中国乡村形态及其变化趋势

自改革开放之后,无论是我国的工业化发展进程,还是城市化发展进程都得到了较大的提升,在这样的环境下,一大批农村劳动力流向城镇,同时在我国工业化和城市化发展过程中,我国农村的数量也有所下降,而这些农村被划分为不同的类型。按照人口的聚集状况以及生活方式,我们可以将农村细分为三种类型:第一,已经被城镇化覆盖或即将被城镇化覆盖的村庄。这种类型的农村有城中村、城郊村、镇中村等,通常情况下这种类型的农村的人口聚集程度较高,村民的生产与生活相分离,同时在村中居住的居民不仅包括当地的村民,也包括一些非村民。第二,在2005年国家实施新农村建设以来由各个村庄合"撤扩并"而形成的农村。此类型的农村的人口相对比较集中,生产和生活方式相分离,社区服务功能也比较健全。第三,传统的农村。这个类型的农村的人口并不是十分的集中,生产生活方式也没有分离。不同类型的农村的乡村振兴发展之路也有所不同,有的类型的农村在乡村振兴环境下会快速实现城镇化,直接成为城市的一部分,有的类型的农村的则会随着人口的迁移逐渐消亡,还有些农村会转变为生活富裕和乡愁依旧的社会主义新农村。

随着我国工业化和城市化进程的加快,我国农村人口分布也发生了一定的变化,逐渐从分散的自给型转变为相对集聚的市场型。现阶段我国农村人口的空间格局正在发生剧烈的变化,而这种变化也在一定程度上表明乡村振兴战略的实施需要城市化来引领，同时也需要乡村发挥自己的能动性，积极实现乡村人口在空间上的布局与优化，二者并不是矛盾体，它们需要同步进行。此外，乡村人口在空间格局上的巨大变化，也表明乡村人口空间格局给乡村振兴战略的实施创造了良好的空间环境，为实现城乡一体化发展以及优化城乡资源配置起到了积极的作用。从中国不同区域乡村的不同类型和发展实际出发，既可以以"村"为基本载体实施乡村振兴战略，也可以以"乡"为载体实施乡村振兴战略。也就是说，在有条件的乡村区域，可以通过体制机制的改革创新，探索以"乡"主导，以"乡"带"村"，"乡""村"共治与融合发展的新型乡村治理结构，对乡村组织、干部体制、人口集聚、产业发展、公共服务和产权制度等进行深化改革和优化配置，实现新型城镇化与乡村振兴的深度融合。总而言之，我国乡村振兴战略与城市化战略并不是矛盾体，而是"你中有我，我中有你"的相互交融关系。在我国乡村振兴的进程中，乡村定将成为农业转移人口市民化的助推器、田园生态城镇的新空间、城乡居民对美好生活向往与追求的宜居地。

第二节　乡村振兴战略的实施要点与思路

一、乡村振兴战略的实施要点

（一）明确村民的主体性，实现人的幸福

村民是乡村生活的主体，这里的村民是指原有村民、产业新村民和消费新村民（具有阶段性或短时性），我国大力推进乡村振兴战略的实施，根本目的在于实现乡村主体的幸福生活愿望。因此，乡村振兴的发起、研究、实施，都要突出主体的参与性、能动性。

发起乡村振兴需要有内生动因提供支撑，这可以是自发的也可以是外部激发的，只有村民自身有发展的意愿、有对更加幸福生活的追求，乡村振兴才有真正的土壤。内生动因的形成，一方面靠村民自身的需求，另一方面也靠有意识、有组织的引导和激发。乡村强则中国强，乡村美则中国美。在制定乡村振兴方案时，必须尊重村民的主体性，要使全体村民参与方案制定的全过程，也就是说从调研、

初步方案、方案论证到模拟实验等环节，实现全体村民的全程参与。不同阶段，参与人群不同，参与方式也不同，总体要做到公开、透明、动态化。尊重主体的发展意愿，尽量满足主体的发展诉求。

乡村振兴的实施，更需要村民的全力参与。乡村振兴，就是村民振兴，村民要从意识、理念、土地、房屋、精力、财力等各方面参与到集体的振兴行动中，形成统筹共建、和谐共享的格局。乡村生活主体是乡村振兴的主要服务对象，是战略实施的核心，但除此以外，战略实施过程中，还应该正确处理政府、第三方服务机构、外来投资运营主体的关系。在全面乡村振兴的开始阶段，尤其是"十三五"时期，政府是乡村振兴的主导力量，承担着整体谋划、顶层设计、政策支持、改革创新、分类组织、个体指导、实施评估等任务。第三方服务机构，一般是政府或者村集体聘请进行乡村振兴规划设计、公共建设、产业运营的机构，承担着专业化咨询建设运营工作，是乡村振兴中的外部智囊、专业助手，也是保障乡村振兴科学、可持续进行的重要力量。同时，在乡村进行传统文化传承创新、现代产业发展构建的过程中，外来专业的投资运营力量也是振兴发展的机遇和重要推力。根据乡村的产业构建方向，进行针对性的招商引资，由投资方通过规模性投资加快产业力量形成、提升产业规范化、增加产能，由运营方通过专业化的运营管理，进一步推动乡村产业专业化、杠杆化发展。

制定并实施贯彻乡村振兴战略，根本目的在于满足村民对美好生活的愿望，根本在于乡村生活主体的幸福。因此，面对中国乡村的现状，对于大部分村庄来说，尤其要关注儿童、老人、妇女等特殊人群的需求。因此，在乡村振兴的顶层设计、方案制订、系统实施过程中，教育、养老、医疗、乡村文化活动都是必须要重点考虑的内容。乡村振兴，要让儿童在乡村里能够得到良好的教育，有适宜的游戏、活动空间，儿童的成长状况有人关心，有科学体验和儿童保健。乡村振兴，要让老人在乡村有适宜的休闲、群体活动场所，老人的健康检查和病理看护有良好的安顿，高龄老人有所陪伴、有人照料。让老人与儿童之间有安全的、可以得到保障的传承空间、温情的家庭生活。乡村振兴，要让妇女在乡村得到足够的尊重，有同等的教育权、决策权、劳动权和获得报酬的权利，让妇女在乡村拥有追求幸福生活的自由空间。

在乡村生活主体中有一部分为特殊群体，乡村振兴还应该满足这一群体对幸福生活的追求，要为他们提供足够的权益保障和自由幸福生活的空间。同时，需要乡村产业得到足够的发展，通过可持续的、富有竞争力的产业构建，打造发展平台，提供就业岗位，创造创业空间，让年轻人在乡村能够安放下青春，谋得生活，温暖他们的家庭，承担他们该承担的抚养、陪伴、精神支柱的责任。同时，乡村的文化建设、传统的家庭伦理、村落治理追求、文明的群众生活秩序，也是人们获得幸福感的重要保障。乡村振兴应该吸引村民主动回到家乡建设，引导那些外出务工人员返乡就业、创业，引导外出求学的学子完成学业后回乡建设，反哺他们的乡村，需要政府创新乡村产业机制、政策支持、各类保证，需要村民合力创造良好的产业环境。

同时，乡村振兴的过程中也要重视、欢迎由于投资创业、消费生活等来到乡村的"新村民"。关心他们的诉求、需求，创造他们便于创业、安于生活的条件和环境，吸引他们来，把他们留住，形成乡村发展的活力群体。

（二）实行生态式发展模式，促使乡村有机生长

推动乡村振兴的一个关键点在于转变发展理念，应该贯彻落实有机生长的村落发展理念。通过对国内保存较为完整的古村落和城镇进行分析，会发现其选址建设过程中都关注所处的生态环境系统，对山、水、林、田、湖、草生态系统具备天生敬畏。回到当下，随着人类生存并改造自然生态系统能力的增强，在村落的生存发展过程中出现了自然生态系统的缺位发展。

1. 推动生态环境与产业发展的和谐统一

从乡村振兴战略实施的角度来讲，推动产业兴旺是实现乡村振兴战略的前提与基础，加强生态环境建设是实现乡村振兴战略的关键。将产业兴旺与农村生态建设结合在一起可以建设文明的乡风，提升农民的收入。此外，大力发展产业生态化和实现生态产业化发展是实现农业供给侧结构性改革的必然选择。

2. 构建三生融合的村落发展空间

"三生融合"是指乡村生产、生活、生态的有机融合，实施乡村振兴战略，应该以"三生融合"为原则进行空间规划，重新定义村庄发展格局，实现城乡空间的有效融合。村庄生活空间要考虑村落原有居民和外来客群的舒适度，系统规划布局让人们充分体验乡土文化的生活空间；要充分考虑村庄居民产业构建、展示和体验空间，构建区域内完整的产业发展空间；要完善生态空间，综合考虑村庄生态系统及容量，设计村庄居住人口、产业发展和游客接待等上限。

3. 构建生态持续的生活系统

我国从古至今都崇尚"天人合一"的生活理念，当前乡村生活主体依然以此作为重要的生活信仰。传统的生活系统能让人们体验与自然系统的全方位联结关系，让人们享受每天与土壤、水、风、植物、动物的互动，同时尊重自然的循环。建立契合区域生态系统的生活方式，包括构建村庄生活公约，从能源、材料、食物等多个方面实现生态可持续发展。

4. 乡村建设中贯彻落实生态建设原则

村庄在建设过程中的材料运用、技艺运用、景观环境打造上要全面落实生态建设理念。建筑材料选择上凸显与区域环境匹配的乡土性，乡土建材包含砖、石、瓦、木材、竹材等，给人以温暖、质朴、亲近之感；乡村景观植物选择凸显区域气候特色，考虑区域气候、土壤、光照、水文等因素的影响选择地域特色植被，提高生物多样性，降低养护成本；乡村技艺环境要突出工匠精神，挖掘村庄地域传统的建筑工艺、木匠、编织、彩绘和建造等传统技艺。

（三）推动相关制度改革，建立健全动力体系

1. 推进土地制度改革创新

创新土地制度改革直接影响农业农村发展，这是乡村振兴战略的一项重要内容。2018年中央一号文件对深化农村土地制度改革，部署了多项重大改革任务，吸引资金、技术、人才等要素流向农村，如探索宅基地所有权、资格权、使用权"三权分置"改革等。《乡村振兴战略规划（2018—2022年）》进一步明确指出在符合土地利用总体规划前提下，允许县级政府通过村土地利用规划调整优化村庄用地布局，有效利用农村零星分散的存量建设用地。

四川省仁寿县为了有效激活土地要素，搭建土地流转服务平台，实现农村土地资源在县、乡、村内实现三级流转，成立县农村产权流转交易服务中心，除控规控建的个别乡镇之外，48个乡镇全部建立了乡镇土地流转服务机构，452个村成立土地流转服务站，为社会资本进入乡村提供了便捷化服务，解决了社会资本在土地流转中直面群众协商困难、难以规模流转、基础设施投入成本高等问题。

河南省新郑市在《新郑市人民政府关于印发〈新郑市加快推进乡村振兴战略2018年实施方案〉的通知》中提出，积极探索开展村级土地利用总体规划编制工作，结合乡镇土地利用总体规划，有效利用农村零星分散的存量建设用地，调整优化村庄用地布局，加大指标倾斜力度，在下轮规划修编时，预留部分规划建设用地指标优先用于农业设施和休闲旅游设施等建设。

2. 推进资金政策改革创新

资金短缺是限制我国农业农村发展的主要因素之一，"钱从哪里来的问题"是乡村振兴战略实施必须解决的一个关键问题，根据我国农业农村的实际发展情况，我国政府提出要加快形成财政优先保障、金融重点倾斜、社会积极参与的多元投入格局，确保投入力度不断增强，总量不断增加。

为了拓宽农业农村的资金获取渠道，政府部门应该制定相应的鼓励政策，建立健全乡村金融服务机制，只有这样，才能打破现有的乡村发展金融供给不足，尤其是农业农村经营主体获得信贷的难度较大，可能性较小的困境。同时，创建新型金融服务类型，鼓励投资金融主体多样化获取投资和可持续发展的资金，引导乡村筹建发展基金，合法合理放开搞活金融服务机制，打破乡村发展信贷瓶颈。创新农村金融服务机制，推进"两权"抵押贷款，推广绿色金融、生态金融、共生金融理念，探索内置金融、普惠金融等新型农村金融发展模式，实现金融服务对乡村产业、乡村生活全覆盖，为乡村建设提供助力。

3. 推进人才政策改革创新

村民是乡村生活的主体，是乡村振兴的核心，政府是乡村振兴的主导机构，除了村民和政府外，乡村振兴的参与主体还包括第三方机构、投资主体、乡村新居民以及乡村志愿者等。新居民包括来乡村就业、创业、休闲、度假、养老等群体。第三方机构、乡村新居民、乡村志愿者是乡村振兴的"新"力量，他们带着新理念、新资源、新动力来到乡村，是乡村发展的重要变量。

充足的人才储备是乡村振兴的重要前提和保障，因此必须重视人才培养。政府应出台一系列针对乡村振兴的人才政策：一是针对本土人才的政策，包括本土人才的选拔、培养、激励等，给出资金、体制、机制、税收、共建共享等方面的整套政策；二是针对外来人才的政策，应针对如何吸引、鼓励外来人才来乡村就业创业，如何留住外来人才，如何产生人才带动效应等出台系列政策。

要发挥各市场主体的作用，建立健全政府引导、市场配置、项目对接、长效运转，共建共享的人才振兴工作机制。鼓励地方大力实施本土外流人才还乡的"飞燕还巢计划"，以及以乡村振兴创新创业空间和项目集群为核心的外来人才"梧桐树计划"，既源源不断地滋生人才、召回人才，又能持续地吸引人才，形成多元共建、充满活力的乡村人才振兴局面。

（四）推动产业协调发展，构建村民共建共享机制

乡村振兴的一项重要内容就是实现农业农村各相关产业的协调发展，村集体经济的壮大则是实现乡村产业振兴的重要基础，也是最终实现乡村振兴的可持续保障。

壮大村集体经济是实现乡村振兴战略目标的必然选择，在此过程中需要注意以下几个方面的内容：一是打造一支具备绝对领导力的村两委领导集体；在村民自愿的基础上，成立村集体合作社或专项合作社；二是把村里零星分散或者闲置的土地、房屋、草场、林地、湖泊、废弃厂房等进行整理，请专业机构进行评估，实现资源变资产，并将该资产纳入村集体合作社，进行统一规划、经营、开发、利用；三是依托合作社，引入社会企业，成立股份公司，合作社代表村集体和村民以资源入股，社会企业以资金入股，共同构建实施乡村振兴发展的企业；四是拓展产业发展内容，依托乡村产业基础和文化生态资源，推进精品手工文创、农林土特产品、文化生态旅游、农副精深加工、田园养生度假、乡村健康养老等产业内容；五是坚持推动村民的共建共享，将村民纳入村集体社会经济发展的平台上，农民通过土地入股、技术入股、房屋入股和劳动力入股等方式获得相应的分红；六是建设村民创业发展公共平台，为村民自主创业提供资本、技术、设备、培训和场地等方面的支持。

（五）构建现代泛农产业体系，促进业态健康发展

传统农业产业结构已经不能适应农业现代化建设的要求，这就要求我们必须对原有产业结构进行适当的优化升级，这也是乡村振兴的一项重要内容。坚持以市场需求为导向，找准方向，按照一、二、三产业融合发展的理念，提升农业农村经济发展的质量和效益。在产业类型上既要对传统农业进行提质增效，又要在市场需求的基础上进行跨产业整合，实现农业与旅游的融合、农业与文化的融合、农业与养老的融合、农业与健康产业的融合等，延长产业链、拓宽增收链，构建现代泛农产业体系。

以乡村产业发展为中心，依托大数据，灵活运用互联网、物联网、区块链等先进科学技术，打造产业运营平台、资源整合平台、产品交易平台、品牌营销平台、人才流动合作平台、项目对接平台、乡村文创平台等，凝聚力量，促进乡村产业兴旺发达。要以特色突出、优势明显、竞争力强大为原则，构建乡村现代泛农产业体系，同时，要深挖产品价值，匠心培育市场需要，且具有很强增长性的新业态。以乡村旅游为例，就可以根据资源和条件，开发乡村共享田园、共享庭院、民宿、文创工坊、亲子庄园、享老庄园、电商基地、采摘园、乡野露营等业态，需要村集体、村民创业者、外来投资者多方共建。

二、乡村振兴战略的思路

（一）明确乡村振兴战略的定位

乡村振兴战略与我国的国情与实际发展需求相符合，战略需要按照具体的步骤展开。到 2020 年，要逐渐形成乡村振兴的政策体系与基本制度框架，各个地区各个部门应该逐步确立乡村振兴的思路，以实现全面建成小康社会的这一总体目标。

到 2022 年，乡村振兴战略的政策体系与基本制度框架得以健全。国家的粮食安全保障水平得以提升，初步构建现代农业体系，推进农业向绿色农业靠近。农村的第一产业、第二产业、第三产业应该逐渐实现融合发展，并建立一个融合发展的格局，促进乡村产业的进一步发展。农民的收入水平也不断提升，完善我国农村基础设施条件，建立健全城乡统一的社会保障制度。农民的居住环境也应该得以改善，推进生态的美丽乡村建设，农村的基本公共服务水平也不断提升。同时，农民的精神文化生活需求也需要不断满足，加强基层党组织建设，提升乡村治理能力，构建完善的乡村治理体系。

（二）贯彻乡村振兴战略的原则

原则是对行为进行约束的一个重要层面，是保证行为不脱离既定轨道的重要引导。因此，贯彻乡村振兴战略需要遵循如下几点原则：

第一，坚持循序渐进，因地制宜的原则。在实施乡村振兴战略时，我们务必要认清每个乡村都有其特殊性，并要认真把握乡村之间的差异性，结合乡村的实际情况，制定适合乡村发展的规划，同时在所指定的乡村发展规划要突出建设重点，进而体现乡村的特色。与此同时，在实施乡村振兴战略时也要避免形式主义，切勿搞"一刀切，齐步走"。

第二，坚持城乡融合发展的原则。想要推进乡村振兴战略的实施，首先要解决当前城乡发展中的体制机制问题，提升市场在城乡资源配置中的作用，并在此基础上积极发挥政府的导向作用，促进城乡之间的公平交流，实现城镇工业化与农村农业化的同步发展，实现城乡融合发展。

第三，坚持党管农村工作的原则。乡村振兴战略的实施务必要坚持中国共产党的领导，不断加强党内法规的建设，完善党的领导体制。从某种意义上来讲，只有坚持中国共产党的领导才能使乡村振兴战略做到统筹全局，并协调各个方面的工作，进而为推进乡村振兴提供强有力的保障。

第四，坚持乡村全面振兴的原则。在实施乡村振兴战略时，我们应当对其内涵有一个深入的了解，充分挖掘乡村中各种价值与功能。从整体上对农村的经济、政治、文化、社会以及生态进行设计规划，并在此基础上注重以上各个环节的关联性，推动乡村的全面发展。

第五，坚持农业农村优先发展的原则。在实施乡村振兴战略时，需要将其作为全党的共同行动与意志，最大程度上实现步调上的统一，确定干部的配备，满足各种要素的配置，保障资金的合理投入，重视公共服务，这样才能将农业农村中的短板加以补齐。

第六，坚持改革与创新的原则。在实施乡村振兴战略时，应不断深化农村改革，同时加大农村的对外开放程度，借助市场要素吸引更多的人加入乡村振兴的队伍当中。

第七，坚持农民的主体地位作用。农民是乡村振兴战略实施的主要群体之一，为此在实施乡村振兴战略时，我们应充分尊重农民的意愿，调动他们在乡村振兴中的主观能动性，逐渐提升他们的幸福指数。

第八，坚持人与自然的和谐。绿水青山就是金山银山，乡村振兴战略也离不开这一原则，应该树立资源节约型与环境友好型的理念，加强治理，以绿色发展引领乡村振兴。

(三）把握乡村振兴战略的总体要求

1. 坚持中国共产党领导

农业是一个国家生存和发展的基础，是实现农业农村发展、农民共同富裕的重要产业，是为居民提供食物、为工业提供原料的基础产业，是关系国家经济安全和社会稳定的战略产业。在有14亿多人口的中国，吃饭问题始终是事关国计民生的大事，必须把中国人的饭碗牢牢端在自己手上，坚持粮食基本自给、口粮立足国内。农业是保证和支持国民经济正常运行的基础，为工业和服务业发展提供资金、原材料、劳动力资源和广阔的市场空间。

农业是国民经济基础部门，农村是农业发展的基础，因此只有保障农村稳定，才能保障国家稳定。当前有一些发展中国家由于走了畸形的工业化、城镇化道路，形成规模庞大的贫民窟，严重影响社会安定。忽视农业农村，造成工农业比例失调、城乡二元分割差距扩大，给经济和社会发展带来重大损失，给人民生活造成严重影响。

从我国发展实际来看，虽然整体上经济社会发展取得了巨大进步，但存在城市与农村、东部与西部发展差距较大的问题，因此，想要实现全面建成小康社会、全面建设社会主义现代化的目标，重点在"三农"，最突出的短板也在"三农"。充分发挥新型工业化、城镇化、信息化对乡村振兴的辐射带动作用，加快农业农村现代化。深入推进以人为核心的新型城镇化，促进农村劳动力的转移和转移人口的市民化。积极引导和支持资源要素向"三农"流动，在继续加大财政投入的同时，鼓励更多的企业"上山下乡"，推动更多的金融资源向农业农村倾斜，支持更多人才到农村广阔天地创业创新。进一步统筹城乡基础设施和公共服务，加大对农村道路、水利、电力、通信等设施的建设力度，加快发展农村社会事业，推进城乡基本公共服务均等化。

2. 以"五位一体"为指引

第一，加强农村组织建设。加强以党组织为核心的村级组织建设，加强农村基层党组织建设，培育出优秀的党组织书记，增强村级集体经济实力，为实施乡村振兴战略提供保障。

第二，加强农村人才培养。加快培育新型农业经营主体，激励各类人才到农村广阔天地施展才华、大显身手，让那些自愿留在乡村的人能够留住心，让那些愿意创业的人有信心，打造强大的人才队伍，强化乡村振兴人才支撑。

第三，推进农村产业发展。促进第一产业、第二产业、第三产业的融合发展，保证质量兴农、绿色发展，确保国家粮食安全，调整农业结构，实现乡村产业兴旺、生活富裕。

第四，完善农村生态建设。加强农村生态文明建设和环境保护，完善农业生活设施，倡导绿色生产和生活方式，以优良生态支撑乡村振兴，让农村成为安居乐业的美丽家园。

第五，推进农村文化发展。加强农村公共文化建设，培育乡土文化人才，推动形成文明乡风、良好家风、淳朴民风。

3. 调动农民积极性

我国自古是农业大国，我国农民勤劳、智慧，农民的智慧点亮了中国历史发展的长河。中华人民共和国成立以来，我国农民在探索中实践了"大包干"、发展乡镇企业、建农民新城、农家乐旅游等成功做法，经党和政府总结、提升、扶持、推广，转化为促进生产力发展和农民增收致富的巨大能量。

尊重农民首创精神，鼓励农民大胆探索，是党的群众路线的生动体现，也是实践证明行之有效、理当继续坚持的原则要求。在推进乡村振兴的进程中，必须认清农民主体地位，汇聚支农助农兴农的力量。

首先，保障并维护农民的合法物质利益和民主权利。在经济上切实维护农民的物质利益，在政治上充分保障农民的民主权利，是保护和调动农民积极性的两个方面。要坚持"多予、少取、放活"的方针，加快发展现代农业和农村经济，大力提升农村基础设施和公共服务水平，推进农村基层民主建设和村务公开，不断增强乡村治理能力，从而让农民真正得实惠，激发其作为主体投身乡村振兴的积极性和创造性。

其次，制定并实施长期稳定农村基本政策。稳定农村政策，就能稳定农民人心。坚持以家庭承包经营为基础、统分结合的双层经营制度，长期稳定土地承包关系，实行土地所有权、承包权、经营权"三权"分置，促进土地合理流转，发展适度规模经营。坚持劳动所得为主和按生产要素分配相结合，鼓励农民通过诚实劳动、合法经营和加大资本、技术投入等方式富起来，倡导先富帮助和带动后富，实现共同富裕。在保护粮食生产能力的同时，积极发展多种经营，推动农业农村经济结构调整等。这些基本政策符合农民的利益和愿望，有利于调动亿万农民的积极性，保护和发展农村生产力。

再次，充分尊重农民的生产经营自主权。市场经济与计划经济存在本质区别，在市场经济条件下，农户作为独立的经营主体和自负盈亏的风险承担者，其生产经营的自主权理当受到尊重。支持农民根据市场需要和个人意愿，选择生产项目和经营方式，实现生产要素跨区域的合理流动；政府侧重于规划引导、政策指导和提供信息、科技、营销等服务，创造良好的生产条件和公平有序的市场环境。

最后，鼓励农民在实践中积极创造创新。乡镇企业也是基层农业单位和农民自己创造的。普通农民转变为农业生产者、农民打工者、进城经商者、经营管理者、民营企业家，魔术般的角色转换中蕴含着农民的智慧和创造。尊重农民、支持探索、鼓励创造，就能找到解决"三农"问题的有效办法，就会更好地加强和改进党对三农工作的领导。

第三节 乡村振兴战略的实施意义

一、有利于实现社会主义现代化建设战略目标

习近平总书记在党的十九大报告中明确提出，到建党100年时建成经济更加发展、民主更加健全、科教更加进步、文化更加繁荣、社会更加和谐、人民生活更加殷实的小康社会，然后再奋斗30年，在中华人民共和国成立100周年时，将我国打造成一个社会主义现代化国家。从某种意义上来讲，一个国家农业现代化水平直接决定了这个国家的现代化发展水平，我国想要成为社会主义现代化国家，需要大力发展农业。此外，一个国家想要实现现代化就需要实现城乡协调发展，只有这样才能为国家现代化建设打下坚实的基础。如果一个国家的农业发展比较落后，农民收入水平无法提升，那么这个国家就不能成为现代化国家。当下，我国有14多亿的人口，中国共产党要将解决他们的吃饭问题作为工作的重中之重，而这就需要保障农产品的生产与供应，始终坚持农业是发展工业的前提与基础，并在此基础上推动我国农业的发展。习近平总书记在十九大报告中也强调，认清农村在国民经济发展中的作用，始终将其作为发展的重点，实现农业带动百业的发展。同时

也强调农村的安定是国家稳定的保障,所以我们要积极调整农村生产关系和经济结构,推动农村社会的健康发展。除此之外,十九大报告中还强调要始终坚持提升农民收入,改善农村生产生活条件,使农民过上小康生活。

从我国经济发展历程来看,改革开放之后我国农村经济得到了快速的发展,农业现代化水平也有所提升。在我们欢庆农业经济发展取得的成绩时,我们也应清楚地认识到我国依然处于社会主义初级阶段,农业农村方面的问题依然是我国社会主义现代化建设进程中的短板。当下,农业经济发展过程中深受资源和市场的双重影响,农业市场竞争也日益激烈。此外,我国城乡之间依然存在较大的差距,无论是农民增收,还是农村现代文明建设依然是一项艰巨的任务。而乡村振兴战略的全面实施可以在极大程度上推动农村供给侧结构性改革的进程,不断完善、优化农村的基础设施建设与公共服务建设,优化农村的生存环境,让农民过上富裕的生活。

二、有利于解决我国社会存在的主要矛盾

改革开放促进了我国经济、政治、社会、文化等各个方面的发展,人们的生活质量显著提高,当前我国社会主要矛盾已经转化为人民日益增长的美好生活需要和不平衡不充分的发展之间的矛盾。城乡发展不平衡是我国最大的发展不平衡,农村发展不充分是最大的发展不充分。推动农村的快速发展,最大程度上缩小城乡之间的差距,是乡村振兴的必要任务,同时也可以在一定程度上缓解社会矛盾。

习近平总书记强调,任何时候都不能忽视农业,不能忘记农民,不能淡漠农村。我国是一个有着960多万平方千米土地、14亿多人口的大国,城市不可能无边际扩大,城市人口也不能无节制增长。不论城镇化如何发展,农村人口仍会占较大比重,几亿人生活在乡村。即使是城里人,也会向往农村的自然生态,享受不同于都市喧闹的乡村宁静,体验田野农事劳作,品鉴生态有机的美味佳肴。当前我国经济比较发达的城市,已经达到了与欧洲、美国不相上下的发达程度,但是很多农村地区与发达国家的差距较大。很难想象,衰败萧条的乡村与日益提升的人民对美好生活的需要可以并存。农宅残垣断壁、庭院杂草丛生、老弱妇孺留守、陈规陋习盛行,显然是我们发展不平衡不充分的具体体现,必须下大决心、花大力气尽快予以改变。

三、有利于广大农民对美好生活的期待

我们党始终重视农业农村的建设与发展，时代发展对"三农"工作提出了新要求，以习近平同志为核心的党中央着眼党和国家事业全局，把握城乡关系变化特征和现代化建设规律，对"三农"工作作出了进一步指示，充分体现了以人民为中心的发展思路，科学回答了农村发展为了谁、发展依靠谁、发展成果由谁享有的根本问题。习近平总书记多次指出，小康不小康，关键看老乡；强调农民强不强、农村美不美、农民富不富，决定着亿万农民的获得感和幸福感，决定着我国全面建成小康社会的成色和社会主义现代化的质量；明确要求全面建成小康社会，一个不能少，共同富裕道路上，一个不能掉队。中国共产党一直以来把依靠农民、为亿万农民谋幸福作为重要使命。这些年来，农业供给侧结构性改革有了新进展，新农村建设取得新成效，深化农村改革实现新突破，城乡发展一体化迈出新步伐，农村社会焕发新气象，农民在改革中受益，为此他们积极参与乡村振兴发展，为实现乡村现代化建设而努力奋斗。2018年中央一号文件中对乡村振兴战略的实施进行了解释，并提出了三个阶段性的目标和任务：第一阶段，乡村振兴战略实施至2020年时，应取得重要性的进展，基本实现乡村振兴战略制度框架、政策体系的建设；第二阶段，到2035年要实现乡村振兴战略决定性的进展，基本实现农业农村现代化建设；第三阶段，到2050年实现乡村的全面振兴，让农民过上富裕的生活。

四、有利于中国智慧服务于全球发展

不断思考、不断创新是我们党的光荣传统，我们党在革命、建设和改革发展进程中，以中国具体实际和现实需要为基础，积极开展实践探索，在国家富强和人民幸福上取得了巨大成就，同时还为全球进步、发展提供了有益的借鉴。党的十八大以来，中国围绕构建人类命运共同体、维护世界贸易公平规则、实施"一带一路"建设，推进全球经济复苏和一体化发展等许多方面，提出了自己的主张并付诸行动，得到了国际社会的普遍赞赏。同样，多年来，在有效应对和解决农业农村农民问题上，中国创造的乡镇企业、小城镇发展、城乡统筹、精准扶贫等方面的成功范例，成为全球的样板。在现代化进程中，乡村必然会经历艰难的蜕

变和重生，有效解决乡村衰落和城市贫民窟现象是世界上许多国家尤其是发展中国家面临的难题。

习近平总书记在党的十九大提出实施乡村振兴战略，既是对中国更好地解决"三农"问题发出号召，又是对国际社会的昭示和引领。在拥有14多亿人口且城乡区域差异明显的大国推进乡村振兴，实现产业兴旺、生态宜居、乡风文明、治理有效、生活富裕，实现新型工业化、城镇化、信息化与农业农村现代化同步发展，不仅是惠及中国人民尤其是惠及亿万农民的伟大创举，而且必定能为全球解决乡村问题贡献中国智慧和中国方案。

第四节　乡村振兴战略的推进方法

一、坚持党的领导，筑牢政治保障

坚持党的领导是确保我国社会主义特征的根本性保证。中华人民共和国成立以来，我国社会经济的发展离不开中国共产党的领导。从农业经济发展实践的角度来讲，坚持党的领导对于推动农业经济的发展有十分重要的作用，它可以为乡村振兴战略的实施提供重要的制度保障。面对新时代"三农"问题应继续"坚持党对农村工作的全面领导"[①]。

第一，在乡村振兴过程中要坚定不移地坚持党的领导。从具体上来讲，各级党组织要不断提升自身的政治领导能力，并借助其在政治上的优势，将坚持党的领导的原则贯彻到乡村振兴战略的制定、实行之中，不断提升党对乡村振兴事业的凝聚力和向心力。

第二，继承并创新党管农村的优良传统。在乡村振兴战略实施过程中，应将"四个意识"作为指导，认真领悟乡村振兴战略的意义，并在此基础上将党在乡村振兴战略上的思想与主张渗透至各级党组织的思想意识和工作任务之中。与此同时，党还要在干部配备、资源配置以及资金投入等方面，有意识地向农业农村靠拢，进而为乡村振兴战略的实施提供相应的物质和制度保障。

---

① 本报评论员.切实将党对农村工作全面领导落到实处[N].农民日报，2019-09-11（001）.

第三，优化党的农村工作领导体制机制。在实施乡村振兴战略时，我们要加强领导责任制的建设，逐渐形成"由中央统一指挥，省负总责，市县落实工作任务"的工作机制，务必要保证党政一把手是乡村振兴的负责人。此外，在乡村振兴发展过程中，要协调好各级党委与政府的工作职责，积极推动城乡全面发展，同时做好与其他部门的协调工作，从而为乡村振兴提供相应的体制保障。

第四，积极调动农村基层党组织的领导作用。农村基层党组织在乡村振兴发展中具有十分重要的作用，为此我们要调动其在乡村振兴发展中的带头作用，不断提升农村基层党组织的服务能力和治理能力。

二、深化农村改革，解决发展不平衡不充分的问题

自改革开放以来，我国社会主义市场经济得到了全面的发展，工业化和城镇化水平也得到了前所未有的提升。但是在这个阶段，我国农业经济发展水平并不是十分理想，存在诸多问题，如农业生产效益不高、土地资源利用率低以及征地补偿制度不够完善等等，而这些问题的存在也在无形中限制了我国农业农村经济的发展和乡村振兴战略的实施。现阶段，我国想要实现社会主义现代化建设，就无法回避农业农村经济发展的问题。

从某种意义上来讲，解除城乡之间体制机制的阻碍就需要从以下两个方面入手：第一，深入开展农业供给侧结构性改革，逐渐提升农业农村的市场竞争力。同时还要加强对农产品的优化升级，提升农产品的质量和品牌知名度，从而提升农产品的市场竞争力，增加农民的收入。第二，完善农村土地制度，维护并巩固农村的基本经营制度。早在1990年3月，邓小平就指出："中国社会主义农业的改革和发展，从长远的观点看，要有两个飞跃。第一个飞跃是废除人民公社，实行家庭联产承包为主的责任制。这是一个很大的前进，要长期坚持不变。第二个飞跃是适应科学种田和生产社会化的需要，发展适度规模经营，发展集体经济。这是又一个很大的前进，当然这是很长的过程。"要在长期坚持土地集体所有制的基础上，稳定农户承包权，放活土地经营权。借助"三权"分置改革，建立有效的流转机制和市场，从而实现农村土地的有序流转，优化土地资源的配置。积极鼓励城市资金流入农村，支持返乡农民工创业，努力盘活农村土地资源，实现小农户与现代农业的有效衔接。第三个飞跃是积极发展农村集体经济。加强对农

村地区资源的整合,并结合当地的实际情况创新多元化经济发展模式,增加农村经济发展的渠道,为乡村振兴战略的实施奠定基础。

三、坚持以人民为中心,实现城乡融合发展

城乡二元经济结构是导致城乡差距的主要原因之一,而消除城乡二元经济结构,将城乡发展融合在一起是实现城乡富裕,实现乡村振兴的客观要求。从当前我国城乡二元经济结构中存在的问题来看,想要消除其中的不平衡问题,就需要建立一种新型的工农城乡关系,并坚定不移地走城乡融合发展之路。从具体上来讲,可以从以下两个方面出发:第一,实现"四化"的同步发展,即新型工业化、信息化、城镇化、农业现代化。在推动"四化"同步发展的过程中,我们要充分发挥工业化、信息化以及城镇化对农业发展的促进作用,提升农业生产效率、优化农业产业结构,同时逐渐提升农业生产的信息化水平,引导工农之间、城乡之间相互促进、协同发展,打造互补能力更强、发展机制更全、融合程度更高的工农、城乡新格局,实现农业现代化水平的提升、乡村产业链条的延展和农民生活水平的改善。第二,加快农村公共服务的建设,提升农村公共服务的水平。科学编制多规合一的村庄规划,以农村居民生产生活所需的交通、饮水、物流、电信、医疗等为重点,鼓励社会各类资本以不同方式大力参与农村基础设施的投资与建设,着力补齐制约农村居民生产生活的"短板"。通过不断完善农村教育资源,提升农村医疗保障水平以及提升农村文化建设水平等方式来改善农民的生活,让越来越多的农民过上幸福美满的生活。

四、健全"三治结合"体系,推动治理体系、能力的现代化

随着我国社会经济的发展,我国农村社会结构发生了一定的变化,同时农民的思想也有了翻天覆地的变化,这给我国乡村社会发展带来了一定的好处、它为农村发展积聚了大量的活力,同时农村的这些变化对乡村发展产生了一定消极的影响。针对当前我国农村发展的实际情况,在十九大上提出了关于乡村建设的意见,即构建自治、法治、德治三位一体的乡村治理体系。这不仅可以推动乡村的发展,同时也为乡村振兴战略的实施提供了重要保障。从具体上来讲,我们可以从三个途径来构建自治、法治、德治三位一体的乡村治理模式。

第一，充分发挥村民的主人翁地位和作用，深化村民的自治实践。这就需要我们加强对农村村民会议、村民代表大会等议事载体的优化，让农民真正参与到议事之中，以此来激发村民在农村治理中的主人翁地位。

第二，加快乡村的法治建设。在发展农村经济过程中，经常会遇到各式各样的问题，这些问题都会在不同程度上制约农村经济的发展，为此我们要消除这些涉农安全隐患，不断提升农村干部和村民的法治素养，并在此基础上不断完善村民选举、征地补偿以及打击农村黑恶势力等方面的法律法规，进而提升法律在乡村发展中的权威性。

第三，提升农村的德治水平，打造良好的农村社会风气。提升农村的德治水平务必建立在社会主义核心价值观的基础上，同时积极开展移风易俗的行动，也要合理使用正向激励和负向惩罚的措施。此外，在构建农村良好社会风气时，还要重视道德实践的作用，并通过道德实践活动激发农村文明新气象。

五、加大人力资本投入，加快新型职业农民队伍建设

新型职业农民队伍的建设是加快乡村振兴战略实施的重要措施之一。

从具体上来讲新型职业农民队伍的建设可以从以下几个方面出发：第一，加强思想引领，增强农民的职业素养。从某种意义上来讲，提升农民的职业素养旨在将其培养成爱农业的新型职业农民。具体而言，我们可以加强对农民的思想引导，让农民对农业发展有一个全面而深刻的认识，最大程度上提升农民对农业的认同感，让他们喜欢上农民这个职业。第二，加强对农民职业技能的培训，打造一支懂技术的新型职业农民队伍。从某种意义上来讲，只有农民掌握了现代化生产技术才能为实现农业现代化贡献自己的力量。为此我们要加大农民培训的资金投入力度，结合当地农村的实际发展情况，构建政府、农业学校、社会培训机构以及农场企业四位一体的新型职业农民培训体系。第三，提升农民的经营能力，打造一支善于经营的新型职业农民队伍。随着农业经济规模的扩大，农民不仅仅要从事农业生产活动，同时也要参与产品的经营销售，为此要提升农民的经营能力，只有这样才能打造一支新型职业农民队伍。与此同时，提升农民的经营理论知识，鼓励农民将这些理论知识与农业经营实践活动结合在一起，从而逐渐提升农民的经营水平与经营意识，进而提升他们在市场上的竞争力。

第二章 乡村旅游概述

在乡村经济发展的各行各业里，乡村旅游可谓独具特色。本章主要介绍乡村旅游的相关概念和发展历史、乡村旅游的具体需求、乡村旅游的环境分析、乡村旅游的旅游模式。

第一节 乡村旅游的相关概念和发展历史

一、乡村旅游的相关概念

（一）乡村旅游定义

由于学术界对乡村旅游进行理论研究的时间并不长，因此无论在国外还是在国内，对乡村旅游都没有一个统一的为所有人接受的定义。与乡村旅游相近或者相关的概念也提出过不少，比如"农家乐""观光农业""休闲农业""农业旅游""农村旅游""民俗旅游"等。那么究竟要如何给乡村旅游下定义呢？作者认为，首先就从"乡村"和"旅游"这两个概念来入手。

一般我们说的乡村旅游主要指的是发生在乡村的旅游活动，而此处的乡村主要是相对于城市空间的空间区域。从某种意义上来讲，"乡村"指明了旅游活动发生的空间区域，而"旅游"则反映了活动的本质。乡村旅游活动虽然发生在乡村，但它并不是人们到乡村劳作，也不是到乡间开展调查活动，而是到乡间休闲、旅游。

从纯粹的空间划分来看，乡村的概念还有广义和狭义之分，广义的乡村就是相对于城市而言的其他区域。也就是说，整个空间被分为城市和乡村这两个部分，这是一种简单粗糙的划分方式，比如浩瀚无边的海洋、茫茫无际的沙漠、人迹罕至的原始森林，这些空间区域都不属于城市的范畴，而将其作为乡村也是不对的。

因此狭义的乡村概念应该是相对于城市而且有人生产和生活的空间地域。这样，整个空间就被划分为城市、乡村以及（无人生活的）自然区域三部分。乡村旅游中的乡村指的就是这种狭义的乡村地域。

其次，乡村之于城市，虽然都是人类生产和生活的空间，但却有着明显的不同于城市的特征。比如人口密度小，自然环境好，文化相对传统，主要以传统农业为经济支柱等等。当然，这些特征都是区分城市与乡村的定性指标，目前还未见到一套严格的划分城市与乡村的定量指标体系。因此，对乡村的认定一方面要依据我国的行政区划来确定，另一方面要依据公众的认可来判断。根据我国的行政管理体制，县以下叫乡（镇），所以，一般来讲，比县城更小的社区以及村寨可以称为乡村。但随着我国农村经济的快速发展，城镇化建设步伐的进一步加快，一些县乡（镇）已经城市化，已经明显不具有乡村的特征了，这一点在东部沿海地区尤其突出。反之，在我国西部欠发达地区，不少县城依然具有典型的乡村特征，相对于东部以及大一点的城市，这些县城还具有一定的"乡村性"，因此，我国行政区划所规定的"县城"以及"乡（镇）"，只是划分乡村的一个基本参考依据，一个区域是否属于"乡村"，关键是看它是否具备乡村的明显特征。这种乡村特征也就是所谓的"乡村性"。由此可见，我们这里的乡村概念，不仅是一个空间概念，而且还包含了文化的属性和特质。

乡村旅游还不完全是在乡村地区所进行的旅游，在一些乡村地区的周边建有风景区和度假区，但纯粹到这些风景区去旅游（如纯粹到云南九乡风景区去旅游）就不是乡村旅游，到这种度假区去度假也不能称之为乡村旅游。纯粹到乡村附近的自然保护区、原始森林、高山、河流等地进行的自然旅游和探险旅游等也不能叫乡村旅游。"乡村"是有人生产和生活的聚落，而这里的人就成为关键的因素，这里的人应该是农民、牧民以及渔民等，我们不妨称之为"乡村人"，而人之所以称为人，人区别于一般动物的关键在于文化，乡村区别于城市的关键也在于文化的不同，为此我们可以将乡村性称之为乡村人创造的乡村文化。通常情况下，这种文化主要体现在两个方面：第一，有形的乡村文化，如乡村建筑、乡村服饰、乡村田园、乡村环境等；第二，无形的乡村文化，如乡村制度、民俗风情、精神面貌等。从某种意义上来讲，乡村的这两种文化形式组成了乡村旅游资源的内核，这在一定程度上也表明那些与乡村文化无关的旅游，不能称之为乡村旅游。换句话来讲，乡村旅游不仅要发生乡村区域，同时还要是有关乡村文化方面的旅游。

除此之外，乡村旅游还包含一个十分重要的条件，乡村旅游活动的开展是为了提升当地农民的经济收入，为此乡村旅游地的农民应当可以享受由旅游活动带来的收益。所以乡村旅游是一种由当地村民直接参与投资或接待的旅游活动，如果没有当地农民的参与，那么这样的旅游活动便不能称之为乡村旅游。

由此我们可以对乡村旅游的内涵进行相应的归纳，具体可以从以下三点深入了解乡村旅游：第一，旅游活动开展的空间为乡村；第二，乡村文化是开展旅游活动的直接动力；第三，当地村民可以享受旅游活动带来的收益。

所以我们可以将乡村旅游定义为一种发生在乡村区域的旅游活动，而乡村文化是吸引旅游活动开展的主要物质，与此同时乡村旅游的开展是为了提升当地村民的经济收入，为此当地村民可以从乡村旅游活动中获得相应的收益，只有同时满足这三个条件的旅游活动才能称之为乡村旅游。

（二）乡村旅游的主要内容

旅游的六大要素是"吃、住、行、游、购、娱"，乡村旅游的内涵是以乡村文化为主的"乡村性"。乡村旅游的主要内容就是乡村性在"吃、住、行、游、购、娱"等方面的具体表现。

美食对于中国人而言是一个永恒不变的话题，美食不仅可以填饱人的肚子，同时各个地区的美食也蕴含当地的风土民情。通常情况下，美食也是乡村旅游资源中的重要组成部分，美食不仅是为了让游客充饥，同时也是为了让游客更好地了解当地的民俗风情，并让游客体验与城市不同的乡村饮食文化。游客通过亲身体验采摘、宰杀、烹饪等美食制作工艺，可以体会到丰富多彩的乡村饮食文化，并从中感受到乡村饮食的乐趣，进而达到休闲、娱乐的效果。我国幅员辽阔，民族众多，不同的地区和不同的民族就有着不同的饮食文化。尽可能地突出自己地方的、民族的、传统的"吃"文化，是吸引客人的重要手段。

"住"在旅游中的地位也很重要，要想办法让客人住下来，这也是乡村旅游收入的重要组成部分，它可以有效提升当地居民的经济收入。为此在开展乡村旅游过程中务必要治理好乡村的居住环境，为游客提供一个干净、舒适的乡村居住环境。此外，乡村民居的建筑物的风格不仅要结合当地的民风，也要最大限度上满足游客的审美需求。另外，还要注重乡村旅游民宿的内部设计，充分保留农村的原汁原味，同时也要做好卫生工作。总而言之，如果想要搞好乡村旅游，务必要将乡村旅游打造成休闲旅游和度假相结合的旅游模式，而实现这一模式的前提是解决好"住"的问题。

旅游离不开"行"，乡村旅游也不例外。伴着夕阳，漫步在田间地头；骑着骏马驰骋在旷野；坐着牛车颠簸在弯弯的乡村小路。这些都是极为惬意的享受与休闲，也是乡村旅游的卖点。问题是如何来策划、组织和实施。

"游"即游览，乡村可游览的东西很多，如乡村聚落、民居、梯田、果园、牧场以及绚丽多彩的自然风光。要想办法把乡村打造成一个极富乡村文化特色的大"花园"，让客人流连忘返。

"购"即购物，乡村旅游的可购之物主要有两大类，第一，乡村土特产。一般情况下乡村的土特产主要有水果、有机蔬菜、传统养殖的家禽及其附属农产品。第二，具有当地特色的手工制作品。通常情况下，这种产品主要有纪念品、民族服饰、民族装饰等。在开展乡村旅游活动时，我们可以将购物环节融入"游"与"乐"之中，如让游客参与水果蔬菜的采摘，让游客参与手工制作，通过这样的方式让游客感受其中的乐趣。

"娱"即娱乐，一般情况下，乡村的节日庆祝和婚嫁活动具有较强的娱乐性。通过深入挖掘乡村的民俗风情，同时提升其参与性和体验性，也是乡村旅游发展的重要内容。

（三）乡村旅游与其他相近概念的关系

由于学术界对乡村旅游的研究时间相对较短，学术界以及官方都提出过不少与乡村旅游相近的概念，这些概念至今尚未统一，为理清这些概念之间的关系，我们在此对它们作一简单的分析。

1. 农家乐与乡村旅游

"农家乐"就是在农村环境中，以吃农家饭，住农家屋，干农家活，享农家乐为特征的一种旅游形式。很显然，农家乐旅游符合乡村旅游的条件，农家乐属于乡村旅游的范畴。但乡村旅游并不等于农家乐，首先，从旅游活动的空间来说，虽然农家乐的活动空间属于乡村,但其重点在"农家",而乡村旅游的空间在整个"乡村",因此乡村旅游的范围更大更广。其次,从旅游的开发以及经营主体来看,农家乐是以单家单户为主来开展的,而乡村旅游则可能以整个乡村(村寨)来组织开发与经营。从这个意义上来讲,农家乐是一种乡村旅游,而且是乡村旅游的初级形式,乡村旅游正是农家乐的进一步发展和提升。

2. 观光农业与乡村旅游

从字面含义上来看,观光即游览。一般而言观光农业是建立在农业的基础之上,它是将旅游与农业融合发展的现代农业。观光农业深受世界各国的重视,目前国外的观光农业有较好的发展,同时我国台湾地区的观光农业也有良好的发展趋势,就目前世界各国观光农业的发展状况来看,其主要有以下几种形式:

(1)观光农园。这种形式的观光农业主要是将地点设置在城市郊区或风景区附近,然后在这些区域开辟水果园、蔬菜园、花圃以及茶园等,然后吸引游客前来采摘,感受田园生活乐趣。目前这种形式在国外十分流行。

(2)农业公园。这种形式的观光农业形式是将公园经营的理念融入农业之中,并将农业生产场所以及农产品消费场所以及休闲娱乐场所融为一体。

(3)教育农园。这种观光农业形式是一种将农业生产与农业科普融为一体的经营形态。

(4)观光农场。在传统农场的基础上,把农场打造为集观赏、采集、教育、体验等为一体的农业与旅游业的复合体。

由此可以看出,一部分观光农业也可以视为乡村旅游业,比如在乡村开发的观光农园、教育农园以及观光农场等。但另一些观光农业并不属于乡村旅游业的范畴,比如在城市附近应用纯粹的现代农业技术开发建设的现代农业观光农园,它虽然也有旅游的功能,但由于不在乡村,也不具有乡村文化的元素,因此不能称之为乡村旅游。

3. 农业旅游与乡村旅游

农业旅游与观光农业很相似,都是以农业为基础,把旅游与农业结合起来的一种旅游形式。为此我们可以将那些在乡村区域开展的具有乡村性质的农业旅游称之为乡村旅游,而那些没有发生在乡村区域的农业旅游则不是乡村旅游。

比如在现代农业科技园区以参观、考察、学习现代无土栽培、现代转基因农业、现代喷灌等技术为主要目的的旅游是农业旅游，但显然不属于乡村旅游。

4. 农村旅游与乡村旅游

通常情况下，人们会把乡村看作是农村，但是乡村和农村并不相同，二者之间有一定的区别。所谓的农村指的是从事农业活动的人居住的地方，而乡村则不同，在乡村中有各种类型的人，并不是所有的人都是农民。从二者的区别上来看，乡村的范围要大于农村的范围，农村属于乡村的构成部分，为此农村旅游也属于乡村旅游的一部分。

5. 民俗旅游与乡村旅游

通常情况下，我们所说的民俗文化指的是一个地区的民间传统文化，它是经过一代又一代人传承下来的文化。当前的民俗旅游就是建立在传统文化的基础上。从当前我国民俗文化的存在情况来看，不仅乡村地区有民俗文化，同时城市也有乡村文化，如北京民俗文化、纳西民俗，由此我们可以看出民俗旅游与乡村旅游并不对等。从具体上来讲，我们可以将民俗旅游细分为乡村民俗旅游和城市民俗旅游两种类型，其中乡村民俗旅游属于乡村旅游的范畴，而城市民俗旅游则不属于乡村旅游的范畴，为此乡村旅游和民俗旅游二者之间有相互重叠的部分，同时也有不同的部分。

综上所述，这些概念有些与乡村旅游有相交叉的内涵，有些则完全可以被乡村旅游概念所涵盖，比如农家乐、农村旅游等。

二、乡村旅游的发展历史

国外乡村旅游的开展可以追溯到19世纪下半叶的欧洲。1855年，法国巴黎市的贵族就组织到郊区乡村度假旅游。1863年，有旅行社组织了第一次到瑞士乡村的包价旅游，这次旅行标志着以身体疗养和登山运动为主题的乡村旅游活动的蓬勃兴起。在20世纪80年代后，国外的乡村旅游得到了全面的发展，并积攒了宝贵的经验，部分学者对乡村旅游进行了高度的概括，并将其划分为三个阶段：一是萌芽阶段。19世纪初期，人们开始将目光放在农业旅游上，并认识到其价值，同时也开始着手从事农业旅游，如法国、意大利。二是观光发展阶段。20世纪中后期，乡村观光农业发展，形成农业和旅游相结合的新产业，如西班牙、日本、美国。三是度假提高阶段。在20世纪80年代以后，乡村旅游得到了全面的发展，观光农业逐渐映入人们的视野，并获得了较大的发展，同时其功能也日益多样化，不仅具有观光功能，同时度假、休闲以及环保功能也得到了拓展，在这方面较为成功的国家有日本、澳大利亚以及奥地利。

乡村旅游的发展也符合旅游发展的一般规律，即一个国家（地区）的旅游发展是与该国（地区）的经济发展相适应的。乡村旅游的发展还对应于一个国家（地区）的城市化的发展。我国乡村旅游的出现与发展也符合上述规律。改革开放后，随着我国经济快速稳定的增长，随着我国城市化进程的逐渐加快，城市居民可支配收入迅速增加，20世纪80年代中后期我国沿海地区的一些发达城市周边就开始出现了乡村旅游的雏形。1995年以后，我国实行每周双休的制度，加上一年3个"黄金周"的实行，我国乡村旅游开始步入了稳步发展的时代。近几年，随着城市化的进一步加快和私家车的迅猛增长，乡村旅游开展得更是如火如荼。以昆明郊区的西山区团结乡为例，通过调查，昆明市西山区团结乡（现已区划调整为团结镇）是乡村旅游发展较早、规模较大的地区。截至2003年，团结乡开展农家乐的农户有195户，床位2523个，累计接待游客211.51万人次，营业收入达4249.10万元，完成税收600余万元。2003年全年接待游客49.84万人次，营业收入1683.57万元，完成税收470.05万元。

但同时我们也必须清醒地认识到我国乡村旅游的发展仍然处于低水平、低档次的以"农家乐"为主要形式的起步阶段，发展中的问题也很多。

第二节　乡村旅游的具体需求

一、乡村旅游需求的背景

通常情况下，乡村旅游是社会经济发展到一定程度后的产物，而乡村旅游需求的产生往往受主体和客体因素的影响。

（一）主体因素

目前，我国乡村旅游的客源主要由城市居民构成，为此他们是乡村旅游市场的主体。要产生乡村旅游需求，旅游者必须具备足够的收入和时间条件，这是乡村地域周边城市成为相对稳定的客源市场的基本条件。

1. 可支配收入

人们可以任意决定其用途的收入，通常是人们从事社会经济活动而得到的个人收入扣除所得税的余额。可支配收入的提高不仅是产生乡村旅游需求的前提，而且对出行距离及旅游内容等也具有决定性影响作用。

众所周知，改革开放之后我国社会经济得到了较快的发展，人们的生活水平得到了全面的提升，在物质生活条件改善的情况下，人们的消费观念以及消费结构发生了较大的变化，同时对旅游的需求也日益增加。随着人们生活水平的提升，人们不再将目光放在温饱问题上，而是转向生活质量的提升，人们希望拥有一个健康的生活，为此对健康方面的消费也有所增加，这也在无形中使人们增加了在旅游观光、休闲度假方面的消费支出。乡村旅游具有休闲娱乐的功能，这也迎合了当前城市居民的需求。

2. 闲暇时间

闲暇时间是开展旅游活动的重要条件，只有人们拥有较多的闲暇时间，他们才能抽身参加旅游。随着我国社会生产力的提升，生产效率大大提升，这在一定程度上为人们腾出了更多的闲暇时间，进而使人们的旅游需求增加。

1995 年我国正式施行每周五日的工作制度，这一制度的颁布与实施为居民创造了更多的闲暇时间，然而城市居民的闲暇时间主要集中在周末，为此他们没有充足的时间到较远的地方旅游，而城市附近的乡村便成为他们旅游的首选。

从上文分析中我们不难发现，虽然城市居民有了更多的闲暇时间，但是时间较为紧张，此外受经济因素的影响，城市居民将短时、短途的休闲活动作为其主要选择，也正是由于这一方面的原因，所以乡村旅游是城市居民周期性调节生活方式的选择之一。

（二）客体因素

乡村旅游的产生与发展并不是偶然的，它具有一定的物质基础，如农业结构变迁、城市化进程加快、物质生活水平提高、交通道路建设以及闲暇时间增多等等。

1. 交通条件

不管是什么类型的旅游活动，其发展都离不开交通运输条件。随着现代航空运输技术的发展，在最大程度上缩小了游客与旅游地的空间距离。但我国旅游交通的不发达，限制了游客远距离旅游，因此短程旅游是主流，乡村旅游正好符合这一特点。

通常乡村旅游地需要基础设施条件良好，其中交通便利是一项最重要的条件。可进入性是乡村旅游的关键性制约因素。国内外经验表明，乡村旅游的空间位置最好是车程在两小时以内的城市近郊和道路条件良好风景名胜区的周边地带。

2. 农业基础

乡村旅游是建立在农业资源物质基础上的旅游活动，它具有鲜明的农业特色。众所周知，我国是一个农业大国，加之我国国土面积辽阔，自然风景优美。此外，我国拥有悠久的农耕文化历史，同时随着科技信息技术与农业的融合发展，为我国农耕文化注入了新的活力。目前高技术含量、高环境效益、高价值含量的三高农业和无污染、无公害的绿色农业正成为中国现代农业发展的方向。因此，体现农耕文化主题的田园风光，高科技农业生产等是乡村旅游必备的资源基础。加之乡村旅游主要利用现成的村舍，农户自家的土特产品等提供旅游接待服务，成本低、投入小，经济效益显著，具有一定的竞争优势；还具有易模仿、易操作等特点，从业难度系数较低，形成了良好的旅游资源基础。

二、乡村旅游的种类

乡村旅游的种类很多，从不同的角度可以有不同的分类。主要有以下几种：

（一）按旅游对象来划分

1. 农田依托型

这样的乡村旅游往往是建立在当地特色农业的基础上，如甘蔗林、橡胶园、花卉园、基塘地等。游客来到旅游地后可以亲身参与采摘，感受不一样的乡村文化，同时也可以参加当地的民俗活动，如赛马、射箭、荡秋千等。例如我国昆明团结乡的苹果园，每年都会举行大型的现场采摘活动，在采摘季节都会吸引一大批的游客前来采摘，这为当地创造了较大的经济效益。

在澳大利亚，每逢周末或节假日，人们都会与家庭成员一起到附近的农场小住几日。而在美国，当水果园的果实要成熟时，农场主会通过登报的方式招揽游客前来采摘度假，在这里游客可以免费品尝水果，呼吸郊外的新鲜空气，在累的时候可以靠在树下休息，到了晚上农场主为游客提供农舍休息，并品尝当地的美食。

通常情况下，人们选择乡村旅游的主要目的之一是为了欣赏乡村的田园风光、体验乡村野趣。然而这种单一的观光游览很难满足游客更高的旅游需求，为此人们将更多的关注点放在了乡土文化特色与乡土人文景观上。部分学者对北京、上海等地的城市居民进行了乡村旅游意愿调查，大部分的游客希望通过乡村旅游感受一下当农民的感觉，此外也有很多城市居民表示体验乡村生活的乐趣也是他们出行的主要动机之一。这不仅反映了城市居民对乡村旅游的需求，同时也反映了乡村旅游发展的文化倾向，为此在发展乡村旅游时，我们应以乡村自然风光为基础，深入挖掘乡村文化特色，提升乡村旅游的吸引力，满足更多游客的需求。

2. 农村依托型

这种类型的乡村旅游主要是以农村为依托，其旅游资源涉及很多方面，如乡村聚落景观、乡村宗祠以及乡村建筑等，如环状的民居建筑、土楼（客家的土楼）、窑洞（黄土高原的窑洞）等。

一般情况下，此类型的乡村旅游地主要是将当地的原始自然生态景观、人文景观、历史文化、民俗风情等融为一体，从而形成一个独具特色的乡村旅游胜地，如广西桂林的阳朔渔村。在这样的乡村旅游地，游客可以看到诸多传统民居和当地的民俗风情，当地居民可以借此旅游资源开发出具有民俗特色的旅游产品。随着社会经济的发展，城市生活呈快节奏的发展趋势，人们对乡村的慢生活节奏十分向往，为此在闲暇时间里他们渴望到乡村小住几日，以此放松身心。

3. 复合型

旅游对象不是以某一种类型为主，而是包括多种内容，如农业景观、民族风俗、各种建筑、聚落形态，甚至包括附近的山水景观和周边优美的生态环境。这是一种内容丰富、活动多样的类型。

（二）按对资源和市场的依赖程度来划分

1. 资源型

这种类型的乡村旅游对资源的依赖程度较大，同时它们的资源品味也较高，具有丰富的特色。虽然这种类型的乡村旅游的交通并不是十分的便利，但是却拥有丰富的旅游资源，可以对游客产生较大的吸引力，为此将其开发成旅游胜地，如云南丽江的泸沽湖。

2. 市场型

这种类型的乡村旅游对市场的依赖程度较大，通常情况下它们距离经济发达的城市较近，如城郊的农家乐，这种类型的乡村旅游可以满足城市的旅游需求，同时也具有一定的乡村气息。此外，这种类型的乡村旅游往往与现代科技结合，并在此基础上发展为观光农业，如上海浦东的孔桥、江苏苏州未来农业大世界等。

（三）按科技含量来划分

1. 现代型

这种类型的乡村旅游具有较高的科技含量，一般位于中型、大型城市的附近。通常情况下，它们是建立在现代农业的基础之上，并借助现代科技，从而形成现代农业，如科技观光型农业旅游。它不仅可以为城市居民提供时令果蔬，同时也可以为城市居民提供观光旅游服务。

2. 传统型

这种类型的乡村旅游一般科技含量并不高，它们往往以自然化的乡村旅游资源来吸引游客，例如滇西南的刀耕火种的生产方式、丽江的泸沽湖等。一般情况下，那些不为常人所熟知的农业生产方式是这种传统型的农业观光旅游的主要卖点，如法国农村的葡萄园与酿酒作坊，游客不仅可以参观葡萄酒的制作过程，还可以品尝美酒，同时也可以购买葡萄园的葡萄酒，这样的购买当然与商场中的购买有很大的区别。

三、乡村旅游需求弹性

任何时候供求关系都影响着乡村旅游的规模和旅游者数量。通常这些关系可以用需求弹性——一个来自经济学的概念来衡量。

所谓的旅游需求弹性主要指的是旅游需求对影响因素变化的敏感性。一般情况下，对需求具有较大影响的因素有以下几种：旅游价格、闲暇时间、收入水平。

（一）旅游需求价格弹性

此处讨论的需求价格弹性能表示一个商品价格和对此商品需求数量之间的关系。从根本上来讲，价格是影响旅游需求的基本因素。具体而言，当旅游价格呈上涨趋势发展时，旅游需求就会随之下降，反之则会随之上升，二者呈负相关关系。

旅游需求价格弹性（EDp）的计算公式如下：

$$EDp = -1 \times \frac{某一时期（如年、月）旅游需求量变化的百分比（\%）}{旅游产品价格变化的百分比（\%）}$$

由于价格与需求量成反比例关系，因而旅游需求价格弹性系数为负值，为了保证得数为正值，总是在等式右边乘以一个负号（-1）。这只是方便比较，而无实际数学含义。通常可区分为三种情况：

（1）当 EDp>1 时，旅游需求富于弹性。

（2）当 EDp<1 时，旅游需求弹性不足。

（3）当 EDp=1 时，这就说明旅游需求变动的百分比与旅游产品的价格变动的百分比相同，为此我们将这样的旅游需求价格弹性称之为单位弹性。

从某种意义上来讲，乡村旅游需求价格弹性是乡村旅游经营者制定价格的风向标。乡村旅游定价如何影响游客数量以及旅游地经济收入的具体情况，需要借助需求函数来进行具体的计算。换句话来讲，旅游需求函数反映了一个旅游消费者对旅游目的地的需求行为以及为旅游支付的意愿。对旅游需求曲线估计需要在抽样调查的基础上进行计算。抽样调查的数据是客源地居民到乡村旅游地的人均旅游花费、乡村旅游所占比例、平均停留夜数等指标。

1. 确定价格升降以改变收益

经营者设定价格变动时，了解价格和需求数量之间的关系很重要。例如，当某地乡村旅游市场富于弹性时，降价是有效的，因为价格下降的百分比小，而出租率和收益增加的百分比更大。相反，在价格缺乏弹性的乡村旅游市场，降价将导致企业损失。现阶段我国观光旅游领域对旅游价格缺乏弹性，这在一定程度上表明人们的旅游消费增加将会对旅游地的收入产生积极的作用。

2.适当的定价策略

虽然我国乡村旅游得到了较大的发展，但是与其他领域的旅游相比，乡村旅游依然处于劣势地位，为此其价格定位应当采用中低档的定位策略，此外为了解决乡村旅游同质化的问题，吸引更多的人成为回头客，乡村旅游产品可以采用低价位的策略。

此外，不同细分市场中的旅游需求的弹性也有所不同，为此我们要因地制宜采用差异化的价格定位策略。那些依托中型、大型城市的乡村旅游地大部分的游客是附近的城市居民，其出游方式主要为散客，为此旅游需求的弹性也较大，这类游客往往对旅游价格较为敏感，为此适宜采用低价位的价格策略。而对于那些依托自然风景名胜区的乡村旅游地，他们的游客群体构成主要是自然风景名胜区的游客，此部分人群对旅游需求的弹性较小，相较之于城市周末、节假日休闲度假的游客而言，他们对价格的敏感程度较低，为此针对这一部分游客可以采用中档价位的价格策略。

（二）旅游需求收入弹性

众所周知，大部分的旅游都需要花费一定的金钱，为此人们手中可支配的收入也与旅游需求有着紧密的联系。当一个人无法支付旅游所需要的费用时，他们的旅游需求将很难转化为有效需求。

从某种意义上来讲，一个地区人们的旅游次数可以借助需求收入弹性来衡量。一般来讲，人们的可支配收入越多，他们的旅游需求也就越大，反之他们的旅游需求就越小，二者呈正相关关系。

旅游需求收入弹性（EDi）用计算公式表示如下：

$$EDi = \frac{旅游需求量变化百分比（\%）}{人们可支配收入变化的百分比（\%）}$$

由于旅游需求量的变化是由人们可支配收入的变化而变化，为此旅游需求收入弹性系数为正数，从具体上来讲可以分为以下三种情况：

（1）当 EDi>1 时，说明旅游需求受收入变化的影响较大，当人们手中可支配的收入发生变化时，其旅游需求的会发生较大程度的变化。

（2）当 EDi<1 时，说明旅游需求受收入变化的影响较小，也就是说当人们

手中可支配收入发生变化时，他们的旅游需求会发生轻微程度的变化。

（3）当 EDi=1 时，说明旅游需求的变动与人们可支配收入变化呈对等关系，而此时的旅游需求收入弹性为单位弹性，也就是说旅游需求与人们可支配收入按照相同的比例进行变化。

总而言之，人们的收入水平对旅游需求有着十分重要的影响，二者这种影响是正面的，一般情况下我国旅游支出的弹性为 1∶14，由此可以看出我国旅游需求对人们可支配收入的敏感程度较大。

（三）旅游需求时间弹性

旅游产品的需求在一定程度上受闲暇时间的影响，这主要是由于旅游消费属于一种特殊形式的消费，它必须消耗一定的时间。具体来讲，当人们的闲暇时间增多时，人们的旅游需求也会随之增加，反之人们的旅游需求会随之下降，二者呈正相关关系。

第三节 乡村旅游的环境分析

一、旅游环境的基本概念

（一）旅游环境的概念

从旅游环境的中心、旅游环境涉及的范围、旅游环境包含的内容三个方面来进行定义：旅游环境是指以游客为中心，涉及旅游目的地、旅游依托地，并由自然生态环境和人文生态环境构成的复合环境系统。

（二）旅游环境的分类

旅游环境分为以下三类：

（1）自然生态环境：水系、地貌、气、土壤、生物。

（2）人文生态环境：建筑、聚落、服饰、语言、精神风貌。

（3）自然与人文相结合的环境：农田生态系统、果园生态系统等。

（三）旅游环境与一般环境之间的关系

旅游环境与一般环境之间是包含与被包含的关系，旅游环境是一般环境的一部分。

（四）旅游环境的特点

景区景点借助自然、人文风情营造的一种旅游氛围，这种环境是在自然和人文生态环境基础之上形成的人工旅游环境。旅游环境质量应明显高于、优于一般环境的质量，旅游环境具有时间和空间上的多变性（在自然力和人为干扰的作用下，旅游环境会朝着相反的两个方向演化）。

二、乡村旅游环境分析

（一）乡村地域的界定

在我国城镇化发展过程中，城乡之间的界限越来越模糊，传统的行政界定和户口政策的界定已经被打破，如何界定乡村已经成为学术界研究的重点内容之一，为此一些学者运用了"城乡结合部""城乡交错带"等概念来代替城乡界限。一般而言，我们可以从以下几个方面来判定城乡界限：用地类型、生产方式、经济来源、乡村文化。如果我们将文化看作是人类对环境的生态适应，那么乡村文化便是人们对乡村环境的生态适应，乡村环境发生变化，其文化也势必会发生相应的变化，如乡村环境演变为城市环境，其文化也会随之演变为城市文化。

（二）乡村旅游环境与旅游环境的关系

从某种意义上，乡村旅游环境是旅游环境的一个重要组成部分，是旅游环境在乡村区域的具体体现。

（三）乡村旅游环境的内涵

从生态环境"尺度"这角度出发，乡村旅游环境包括宏观环境和微观环境两个部分，有较为丰富的内涵。

1. 乡村旅游的宏观环境

通常情况下，我们所说的宏观生态环境主要是从全局角度出发，对乡村特色的大尺度景观以及空间格局的描述。例如，农村用地结构（从宏观生态环境的角度来分析，其主要包括农业用地、宅基地、公共用地以及绿化用地的比例与结构方面的情况）、乡村文化（农耕文化、社会风貌以及聚落风貌等）。

（1）经济环境：一个地区社会经济发展程度和总体水平（包括区域社会经济发展的阶段特征、地区综合国力和国民经济发展水平），不仅影响着一个地区乡村旅游的开发程度，同时也直接影响着当地居民的旅游水平。通常情况下，经济环境主要包括以下两个方面：需求、供给。

①需求经济环境——正如前文所讲，经济发展水平直接决定了一个地区的旅游能力，同时这种持续的旅游能力也是促进当地乡村旅游发展的前提与基础。一般情况下，乡村旅游的主要客源为城市居民，为此乡村旅游地附近的城市居民的数量、城市规模以及城市发展水平对其持续发展有十分重要的影响，这些影响因素是乡村旅游资源开发的重要依托，同时乡村旅游地周围的城镇布局、服务配套设施的数量、种类、规模等在极大程度上决定了乡村旅游需求的基础经济环境。目前，乡村旅游在发达国家得到了较好的发展，并成为国内度假稳定性较强的旅游方式之一。相关数据表明，截止到1998年，将近三分之二的法国人将国内作为主要的度假地，而这其中有33%的人选择了乡村旅游。

②供给经济环境——经济水平决定投资建设能力，主要因素有开发资金、乡村劳动力保证、建设用地条件等。

开发资金：一般而言，乡村旅游的开发最终都是以资金的落实与资金的投入呈现出来，同时这也是保障乡村旅游项目开发的直接要素。当我们在判断乡村旅游开发的可行性时，我们要充分考虑财政的供给情况，确保资金可以如期到位。既要对国家及地方财政切块、税利提留、计划投入等做出分析，还需对部门投资、群众集资、外界捐赠的能力、数额做出评估与判断，同时还要考虑海内外，尤其是外资引入的可能性。

劳动力保证：劳动力的数量、质量、劳动力的产业构成及其转化的可能性也是乡村旅游供给必须重视的一个方面。

建设用地条件：开发所在地的用地情况直接关系到项目的布局和工程投资的大小，因此应对开发规划区域的面积、地形、工程地质及水文情况进行分析评价，判定规划用地开发利用的适用性和经济性。

（2）产业背景：包括客源地和目的地两方面的产业发展情况。对目的地来说，当地的经济发展情况在一定程度上也直接影响了乡村旅游的开展，如果乡村旅游是建立在一个农业发展较为成熟的地区，当地的特色农业将会为乡村旅游发展提供源源不断的动力。此外，从乡村旅游客源地的角度出发，如果客源地的经济发展较为发达，它将会为乡村旅游的持续发展提供相应的动力。

①农业基础产业情况：通常情况下，一个地区农作物的种类、产量以及商品率都与该地乡村旅游的发展密不可分。换句话来讲，如果一个地区的农作物种类比较多，那么它就可以为乡村旅游发展提供更多的开发素材，如果一个地区的农副产品的种类、数量以及供应效果较好，也可以为乡村旅游发展产生较大的影响，为此要认真研究分析当地的农业基础。除此之外，农业科技程度也会对乡村旅游的发展产生一定的影响，它直接决定了乡村旅游的风格，即传统乡村旅游风格与现代农业风格，抑或是二者融合的恬淡风格。

②相关基础产业情况：众所周知，乡村旅游的开发不仅涉及农业农村领域，同时还涉及了其他领域，如水、电、能源、通信、交通等，虽然这些都是乡村旅游发展的配套设施，但是这些因素直接影响了乡村旅游的开发利用程度，同时也直接决定了乡村旅游开发的投资效益。

（3）区位背景：主要指的是旅游地与其他旅游地的位置和空间的关系，一般情况下来讲，区位背景对乡村旅游的开发有十分重要的影响，它直接决定了乡村旅游开发的方向以及未来的发展方向。此外，区位背景也直接关系着乡村旅游的生死存亡。自然风景名胜区类型的乡村旅游的旅游资源的品位较高，为此其旅游资源有较大的吸引力。通常情况下，我们可以借助乡村旅游地所依托的城市或者景区的时空距离以及客源市场情况来分析，如果距离那些对休闲度假有较大需求的大城市或自然风景名胜区较近，那么其区位优势就大，反之区位优势就小。

具体来说，包括资源区位、客源区位、交通区位三方面的内容：

①资源区位：一般来讲，资源的结构直接决定了资源的区位。从某种意义上来讲，一个旅游景区的兴旺发达不仅受资源绝对价值的影响，同时还受资源相对价值的影响，即风景旅游区在空间位置与邻近区域资源的组合结构。同处于一个地区的两个旅游景区，如果一个旅游景区的资源价值较高，但是缺乏知名度，那么它本身的价值就很难发挥出来，另外如果这个旅游景区的资源与其他景区有雷

同的现象，它将会在市场竞争中处于劣势。

②客源区位：一般情况下来讲，位置的远近直接决定了客源区位。正如上文中我们所提到的，城市居民是乡村旅游的主要客源，他们大部分的闲暇时间集中在周末和节假日，同时受经济因素的影响，他们的旅行往往会考虑距离的远近，只有在他们的可承受范围之内，才会达成旅游购买决策，为此乡村旅游中游客的购买意愿往往受距离的影响，并随着距离的增大而衰减。

③交通区位：通常情况下线路状况直接决定了一个地区的交通区位。乡村旅游地游客的多少不仅受距离远近的影响，同时也受交通环境的影响。一般来讲，城市居民利用周末时间与亲朋好友出游的目的是为了休闲娱乐，为此他们期望旅游地的交通顺畅、便利。

（4）旅游环境：旅游成为区域支柱产业的同时，旅行也成为城乡居民生活方式的一部分。旅游时代的到来，为乡村旅游的发展提供了宽广的空间。城乡景观差异越大，形成旅游吸引力的落差就越大，其吸引游客的可能性越大。

2. 乡村旅游的微观环境

所谓的乡村微观环境主要指的是乡村旅游中的具体环境，如接待设施、乡村建筑风格、旅游标识、服务态度等。

一般情况下，乡村旅游的开发务必要建立在良好的乡村自然生态环境基础上，而对乡村旅游开发有直接影响的自然生态环境主要包含以下几个方面：地貌、气候、土壤、水文等。

第一，地貌。该因素直接决定了乡村旅游地的地表形态，为此它直接影响了乡村旅游开发的可行性以及旅游项目用地的条件。第二，气候因素。具体来讲，气候因素主要包含气温、降雨等自然气候条件，该因素在某种程度上影响着当地农作物的类型，同时也在一定程度上决定了乡村旅游景观的观赏季节，此外气候因素也直接影响了游客的进入时期。第三，水文因素。这一因素对乡村旅游开发的影响主要表现在两个方面：一是影响旅游地的生物生长与分布，二是影响游客的生活用水质量。第四，土壤因素。众所周知，土壤是农作物生长的根本保障，旅游地的土壤是否肥沃直接影响了生物的生长情况，同时也影响乡村旅游的各类设施的土地条件。一般情况下，乡村旅游地应选择一个土壤肥沃、排水良好、土质稳定的缓坡地区进行开发。乡村旅游因受自然条件影响而具有强烈的季节性和地域性，所以开发地区的综合自然条件在一定程度上确立了其开发类型和方向。

乡村人文生态环境包括旅游乡村的建筑、聚落、服饰、语言、精神风貌、社会治安、卫生健康状况、当地居民对旅游者的态度、旅游服务、当地乡村政府行为与政策条件等。乡村旅游是建立在乡村环境的基础上，让来自城市的游客感受到乡村自然生活环境的清爽。长期居住在城市的游客对旅游地的服务态度、服务设施以及居住环境等方面都有较高的要求，而目前乡村的实际旅游环境与游客的需求还存在较大的差距。相关研究调查表明，参与乡村旅游的游客针对不同的问题都有一定的担忧，他们最担心的问题是卫生问题，饮食问题，环境问题，最后是交通问题。这些问题是当下乡村旅游中存在的主要问题，急需解决。

（四）乡村旅游生态环境的特点

1. 具有一般旅游生态环境的特点

与其他旅游生态环境一样，乡村旅游生态环境应当比一般的乡村生态环境的质量要高，同时乡村生态旅游环境无论是在时间还是在空间上都具有较强的可变性。在不同的季节，乡村会出现不同的农作物及景观；在不同的地区，乡村有着不同的土地类型，同时也分布着不同的自然景观，如河流、水田、旱地等。但是由于城乡之间的经济发展水平差距较大，大部分的乡村的微观自然生态环境并不是十分的乐观。

2. 结构交叉能力关系复杂

乡村旅游生态环境是乡村人工复合系统与旅游系统的叠加，森林生态系统、草地生态系统、池塘生态系统、河流生态系统、农田生态系统、果林生态系统、农村聚落与交通网络、旅游服务设施系统、游览系统等在空间上相互交叉，人流、物流、能流等在各个系统中交互流动，容易造成新的环境和卫生问题。目前旅游企业、地方政府已经意识到乡村景区、景点环境和卫生等方面的问题，而对乡村的宏观生态环境，特别是非消耗型破坏（建筑污染、用地结构不当）等重视不够。

三、我国乡村旅游所处的地理环境

我国乡村旅游所处的地理环境有以下几种较为常见，如表2-3-1所示：

表 2-3-1　我国乡村旅游所处的几种地理环境

依托环境	区位条件	主要特点	客源市场	旅游目的	实例
都市郊区	大都市郊区城市延绵带	一定产业化程度的观光农业和民族文化村	都市居民、长住都市的境外人士	休憩度假观光购物	北京郊区乡村 上海郊区乡村 珠江三角洲乡村
景区边缘区	风景区周围乡村	山水风景之中的田园风光和传统农耕活动	来风景区旅游的游客 境外自助游客	观光体验旅游	云南大理乡村 西双版纳乡村 安徽黄山周围
特色村寨	具有特色民俗文化的乡村	有特色建筑群和淳朴的民风民俗	以城市居民为主的游客 境外游客	观光求知体验访问	浙江诸葛村 福建土楼 安徽西递村
特色农业基地	具有特色农业的乡村地区	特色蔬菜和瓜果	城市居民为主的游客	观光购物劳作	新疆吐鲁番葡萄酒基地 山东半岛苹果基地 北京妙峰山玫瑰花基地

（一）都市郊区

从我国乡村旅游发展的情况来看，都市郊区是乡村旅游的主要类型，同时也是我国现阶段发展较为成熟、经济效益最好的乡村旅游类型，此种类型的乡村旅游主要是凭借城市郊区独特的自然环境以及地理区位优势发展起来的。通常情况下，这种类型的乡村旅游的目标市场为其所依托的城市，其客源为城市居民，它主要为游客提供休闲、娱乐等服务。

（二）景点边缘区

景点边缘区主要是依托各地一些著名的风景名胜旅游点（区）发展起来的。这种景区周边的乡村旅游是风景区观光旅游的衍生物，是旅游者对周围村庄和田园风光、民俗文化、农家生活进行的观光游赏。如云南大理、丽江风景旅游区和西双版纳旅游区周围的乡村旅游就属于此类。

（三）特色村寨区

一般情况下来讲，特色村寨是乡村建设及发展的历史缩影，其本身蕴含着丰富的传统文化，因此这个类型的乡村旅游往往与民俗文化旅游融合在一起，从而形成了独具特色的乡村文化，此外这种乡村的建筑风格也独具特色，例如北京市门头沟区川底下村的明清建筑群，又如昆明富民县大营镇小水井村等等。

（四）特色农业区（基地）

这种类型的乡村旅游主要建立在当地特色农产品的基础上，抑或是凭借其特殊的农业生产技术，从而吸引游客前来采摘、观光，如新疆的吐鲁番葡萄基地以及攀枝花仁和区混撒拉杧果基地都属于这种类型的乡村旅游。

四、乡村旅游发展与环境保护的辩证关系

（一）乡村旅游与环境保护的相互促进关系

1. 旅游发展与乡村自然环境

（1）旅游发展需要优美、协调的自然环境

人们参与乡村旅游的目的在于感受乡土气息。在乡村旅游发展中，旅游策划人经常会用"土得掉渣"的旅游产品来阐释乡土气息，但是这些并不能体现社会主义新农村的全貌。通常情况下，乡村旅游地一般应以环境优越的乡村为目的地，同时其农业产业较为发达。例如，我国四川省郫都区的友爱乡，借助当地的园艺盆栽以及林果基地的优势开展乡村旅游。

（2）乡村旅游有利于乡村自然环境向着乡土化、特色化的方向发展

在乡村旅游的带动下，旅游地的社区以及居民的经济收入得以提升，这为他们扩大再生产积累了资本，同时也为他们积攒了一定的经验。乡村旅游地的居民可以借助集体项目实现增收，使乡村朝着更好的方向发展。

2. 旅游发展与乡村人文环境

（1）安定团结、淳朴厚道是吸引旅游者前往乡村旅游的人文氛围

人民生活富裕，地方执政有方，才能营造安定团结的局面；具有一定的历史，有历史的沧桑和凝重；没有太多的外来人口，没被沾染太多的浮躁和功利，这是

和城中村、城市化影响程度较深的城郊接合部所根本不同的。

（2）旅游的发展有利于乡村传统文化的挖掘与保护

生产率较低，已经被淘汰的民族手工艺得以继承和延续，如傈僳织布、傈僳竹器、黑井梨醋等；新的文化元素被创造出来，丰富了乡村民族文化。今天的新产物，将会成为我们留给子孙后代的珍贵遗产。例如：昆明富民县小水井苗族唱诗班的四声部合唱，就是民族、宗教文化结合的珍贵遗产。

（3）乡村旅游的发展有利于农村选择城镇化的方式

摊大饼式的城镇化进程吞噬了绿地、良田，把丰富多彩的世界变成单调的钢筋水泥的森林。城镇化不能只以建成区面积的扩大为唯一指标，更应该以生活水平、文化水平等生活质量作为标准。从这一点看，乡村旅游有利于乡村居民选择实质推进型的城镇化过程。

（二）乡村旅游与环境保护的相互矛盾关系

1. 旅游发展与乡村自然环境保护的矛盾

（1）大量游客的到来，会造成对大气、水、土壤、生物等的影响。良好的自然生态环境是吸引游客前来观光的主要原因之一，我们通常用天然度、纯净度、优美度来衡量乡村的自然生态环境。以往大部分乡村社区的排水系统并不是很完善，同时也没有健全的污水处理设施，乡村的生活污水排放往往与灌溉水系在一起。随着乡村旅游的全面开展，大量的游客来到乡村，产生了大量的生活污水，这无疑对乡村的水渠、河道造成污染，进而污染农田土壤，影响农作物的生长。例如：团结乡从1998年的8家"农家乐"乡村旅游开始，已发展到2001年的90户，2001年全乡共接待旅游者30余万人次，总收入1200万元。其中仅"春节"、"五一"和"十一"三个黄金周就接待游客近6万人次，收入133万元。每人每天排放1.5千克粪尿，这将会产生大量的人体代谢物。此外，现阶段人们往往驾车到乡村旅游，所以在旅游黄金周，旅游地周围的空气质量严重超标，加之一些乡村旅游地附近缺乏绿植布置，而农田直接在道路两侧耕种，为此会对当地的农作物造成直接的污染，如重金属污染。

（2）一些不负责任的旅游行为会在一定程度上导致乡村环境的污染。从目前来看，我国游客的素质水平有待提升，由于乡村旅游的消费门槛较低，大部分游客并未将其作为一种旅游产品来对待,另外乡村旅游景区也缺乏景区管理机制和管理队伍,从而导致游客肆意制造垃圾,进而对乡村环境造成破坏。

例如:旅游者随手扔弃的塑料瓶、塑料袋;旅游经营者不负责任的堆放、倾倒,以及一些考虑不周的填埋措施等现象,都是不负责任的旅游行为。

(3)一些脱离当地实际情况的设计和建设也会在一定程度上对乡村的自然环境造成破坏,甚至会导致乡村旅游资源产生过度人为修饰的痕迹,从而降低乡村旅游资源的价值,同时也降低游客的体验感。乡村旅游人文环境的建设要做到与城市文化形成反差,具有古朴的乡土味,从而满足游客对乡村的意想,勾起一部分人对农村的回忆,如回忆当年知青等。从某种意义上来讲,乡村性是吸引游客的主要因素,为此不论乡村旅游地的经济发展情况如何,都不要建造那些与乡村风格不符的建筑,当然房屋的内部装饰可以采用现代化的风格。

2.旅游发展与乡村人文环境保护的矛盾

(1)外来主流文化会对本土的文化产生一定的影响,甚至会导致本土文化的瓦解,这是国际化发展过程中的一个认识误区,同时也是一个难以纠正的误区。纵观全球化发展历程,不难发现一些文化元素还没有经过鉴定和识别,便被人们所遗弃,这也导致世界文化的多样性正在丧失。从某种意义上来讲,我们应加强对文化多样性的重视。在乡村旅游发展过程中,势必会引来一大批的城市游客,他们也会带来一些与本土文化不同的文化,这对当地的文化产生了一定的冲击,为此在开发乡村旅游之前,应当对当地的开放意识以及社会承受能力进行相应的调查,认真分析其中的利弊,选择合适的开放强度。除此之外,在乡村旅游开发过程中也要积极听取村民的意见,从而获得开发规划的第一手资料,以此积极引导村民参与开发及经营管理的态度,将其淳朴民风充分挖掘出来并当作资源加以开发利用。

(2)功利性的旅游发展观念也会对当地的文化产生一定的影响,从而导致当地村民为了获得相应的经济效益而营造伪民俗的现象,导致游客对当地的文化产生误解,从而影响乡村旅游的持续健康发展。当然我们也不能否认,在乡村旅游发展过程中也有转化较好的乡村文化,如普者黑的篝火晚会、核桃园的歌舞晚会等。

五、乡村旅游环境保护内容

（一）乡村自然环境要素的保护

1. 大气保护

（1）避免引进污染严重的企业；

（2）交通换乘，避免太多汽车尾气污染；

（3）改变传统柴薪，减少炊烟排放污染，据抽样调查，昆明市西山区团结乡普通村民每年要烧掉5～6排柴薪，一排柴合14背箩，一背箩柴有50千克左右，照这样计算，平均每户人家每年要消耗柴薪3500～4200千克。

2. 水体保护

（1）完善排污系统，努力实现污水、灌溉用水分流，有利于无公害、有机蔬菜品质的提升；

（2）新建沉降设施、人工小湿地对农户排水进行简单处理。

3. 土壤保护

（1）垃圾分类收集，为分类回收、处理打下基础；

（2）减少化肥、农药的施用量，避免对土壤造成新的污染，从而避免对水体的污染；

（3）合理利用土地，节约用地，防止利用发展乡村旅游的机会进行新一轮的宅基地占用和扩张；合理利用公路沿线的土地，设定一定的缓冲地带；绿色食品、无公害蔬菜、有机食品的生产基地应远离交通线路。

4. 生物保护

（1）保护野生动物，避免对野生动物造成直接和间接的伤害；

（2）慎重外来物种的引入，有选择地进行本地物种的繁育和培养；

（3）加强法律意识，保护好乡村的一草一木。

（二）乡村人文环境要素的保护

1. 建筑保护

（1）进行乡村建筑的普查与分类工作，为区别开发和保护打下基础；

（2）进行乡土建筑的设计和策划工作，逐步规范、形成地方特色浓郁的建筑景观：本土化设计，本土化选材，做好老房、老屋的开发、利用工作。

2. 服饰提倡

（1）乡村旅游的从业人员，应规范着装，强化本土服饰的吸引力。当然，对于非少数民族乡村也存在本土服饰的问题，应该也能够提升出具有村寨特色的服饰；

（2）进行本土服饰的制作与销售工作，不仅能够解决部分农村劳动力的就业问题，而且可以使传统文化发扬光大。

3. 精神风貌塑造

（1）结合卫生城市、生态村等精神文明工作的开展，提倡健康、文明的农村新风，营造团结、安定、幸福的乡村风貌，树立健康、乐观、好客的乡村主人形象；

（2）采用本土化的解说系统，避免商业化味道太浓的宣传策略和宣传材料，营造与城市不同的营销系统。特别注意户外广告、道路解说系统、门牌等的设计和实施。

六、乡村旅游环境容量

由于旅游地区常年处于游客饱和状态，甚至部分旅游景区出现游客超载的现象，从而对旅游景区造成了环境污染。1993年，我国学者赵红红正式提出了旅游环境容量的问题，并对其进行了深入的研究。所谓的旅游环境容量，主要指的是一个旅游景区在不遭受环境破坏的前提下，且能满足游客需求时所能容纳的容量，一般包括旅游生态环境容量和游客心理容量两个方面。这是旅游环境容量最初的理解，主要从突出的生态环境问题与较低的游览效率中提出对旅游环境容量的理解，随着人们对旅游环境研究的深入开展，人们对旅游环境容量的问题有了新的认识，并发现影响旅游业健康发展的因素不仅有旅游自然环境容量超载因素，同时社会文化和经济条件因素也会对旅游业的健康发展产生影响。因此部分学者提出旅游环境容量是指在某一旅游地环境的现存状态和结构组合不发生对当代人及未来人有害变化的前提下，在一定时期内旅游地所能承受的旅客人数，它是一个包含社会、经济、自然环境在内的复合环境系统，认为旅游环境容量应包含基础环境容量、生态环境容量、心理环境容量与社会环境容量。如崔凤军（1995年）提出旅游环境容量包括环境生态承纳量FEBC、资源空间承载量EBC、心理承载量 PEBC、经济承载量 DEBC 四个分量，各分量的最小量即为旅游环境容量。

从某种意义上来讲，生态旅游环境容量是在旅游环境容量的基础上形成的。一般来讲，生态旅游环境是保证生态旅游生存与发展的外部条件，而且是所有外部条件的综合，为此其环境容量的含义十分广阔，进一步注重了生态、景观及人与自然和谐气氛的容量限制，主要包括自然生态旅游环境容量，社会文化生态旅游环境容量、生态经济旅游环境容量、生态旅游气氛环境容量。

通过上文的分析我们可以发现，乡村旅游发生的区域为乡村居民生活及生产的区域，其在历史上形成的自然与人类和谐、协调的"自然——文化"特征与区域内部"自然文化"气氛环境可归属为同一内容，即"天人合一"的文化旅游环境容量与区域生态旅游气氛环境容量是相同的，为此乡村旅游环境容量的概念可以具体细分为三大部分，即自然生态旅游环境容量、生态社会经济旅游环境容量、生态旅游气氛环境容量。

七、乡村旅游环境保护的手段

（一）行政手段

（1）建立省（市）、县、乡、村、户五级共管的管理体制；

（2）建立乡村旅游环境的评价体系，推动乡村旅游环境建设工作；

（3）出台相关管理措施，奖惩分明。

（二）科技手段

（1）认真研究农村替代能源问题，提倡低污染、可循环的能源使用。目前，沼气的推广在部分地区存在萎缩的状况，主要原因是来料不足和维护与管理的问题；

（2）来料不足：农家肥少，与庭院经济（养殖业）规模、乡村旅游规模有关，理论上存在良性循环的可能；

（3）维护与管理：沼气池的施工、料的出窖入窖频率、气体的输送等环节不同程度地存在问题，需要不断强化、更新工艺，不断地进行实用技术的普及。

第四节　乡村旅游的旅游模式

一、乡村旅游开发模式

（一）政府投资开发的公有模式

这种乡村旅游开发模式是以政府为主导，所有的开发事宜由政府做决定。一般情况下这样的乡村旅游开发模式比较适合人口密度较小和产业规模较小的区域。

第一，这样的乡村旅游开发模式需要投入大量的资金，为此由政府投资具有一定的优势。此外，由政府主导开发的乡村旅游项目，村民也比较放心，同时乡村旅游所产生的收益也不会外流，另外在乡村旅游管理过程中，由政府出面更容易和村寨进行沟通，办事效率也会大大提升。当然这样的开发方式也存在一定的问题，其主要表现为政府不仅要花费大量的资金进行乡村旅游基础设施建设，同时也要承担乡村旅游发展中的风险。通常情况下，这样的开发模式会形成投入与产出不对等的现象，会在一定程度上加大政府的财政压力。第二，需要处理好政府与村民之间的集体关系。在这种开发模式下开发乡村旅游，政府要处理好自身与村民之间的矛盾。如果村民无法在乡村旅游中获得相应的收益，那么他们势必会阻碍乡村旅游的开发。

（二）政府协调，投资商独资的模式

开发商投入资金，以换取资源。这是一种开发商出资金、村民出资源的合作开发方式。由政府主导，才能较好地架起当地村民与投资商的联系桥梁，协调当地村民与投资商的关系，解决投资商与村民的矛盾，给投资商和当地村民政策保障。同时成立村旅游开发管理委员会，由村民选举有知识有才能、代表村民利益的成员组成，全权负责和协调本村的旅游开发事宜。村旅游管委会、投资商与政府共同商讨开发方式，形成开发方案。协议中注重村民的参与，保障村民参与权利，如培训受教育的权利，优先招工录用的权利等。地方政府要监督协议的执行情况以切实保障双方的权益。

通常情况下，旅游开发商比较喜欢这样的开发模式。在这样的开发模式下，开发商不需要和村民打交道，这样省去了其中不少麻烦，此外由政府出面处理乡村旅游开发与村民的关系也更为简单直接。而从政府的角度来看，政府也免去了更多的风险，只需要出面协调开发商与村民之间的关系。当然这样的开发模式也存在一定的问题，从开发商的角度来讲，他们会担心与村民的后期协商以及协议是否可以正常执行，这主要是由于在乡村旅游发展过程中很有可能会发生很多意想不到的问题，如随着旅游投资收益的增加，部分村民见利忘义，拒绝履行协议，从而引发新的矛盾。

（三）由村委会与投资商合作开发的模式

这种乡村旅游开发模式的弊端较大，不仅旅游开发商要承担较大的风险，同时村委会也要承担较大风险。在没有政府参与的情况下，无论是旅游开发商，还是村民都很难百分之百信任对方，双方的合作缺乏稳定性。在没有政府的参与下，大部分的乡村很难独自完成投资开发的协商工作，另外在没有政府干预的情况下，乡村也很难对旅游开发商进行制约，从而导致开发商为了追求短期利益而损害乡村的长期发展利益。

多数国家把乡村旅游作为政治任务或公益事业来发展，把社会效益（比如扶贫、增加就业等）放在经济效益之上。前者是由地方政府强制管理，后者则是地区内外的相关机构合作引导，更强调政府与非政府组织共同合作。按照政府对乡村旅游的干预程度，可分为：高度干预，希腊、爱尔兰、葡萄牙等国，政府参与规划、经营、管理与推销；少量干预，法国、意大利、比利时等国，政府参与规划，提供制度保障与财政支持；很少干预，英国、德国等国，只对自然生态保护方面进行干预。

二、乡村旅游依托模式

（一）城市及大型工矿区依托型

城市及大型工矿区与乡村景观差异较大，居民休闲及生态体验需求强烈，在繁忙的日常生活之余，往往需要寻找一个环境差异较大、能暂时逃避常住环境、时间精力成本较低的地方缓解身心疲劳或休闲目的。因而，这为临近城市（镇）

或大型工矿区、交通较为便捷的乡村提供了旅游发展的机会。国内外迅速发展起来较为成功的"农家乐"，就是迎合这一需要发展起来的，其发展方式往往是由点及带，最终形成环绕城市的城市游憩带或城市游憩圈。这种类型的乡村直接面对较好的客源市场，旅游成本低。即使生态环境不理想，亦可人工营造。如昆明周边已开发的乡村旅游点。

（二）交通依托型

这种类型临近高速公路或铁路，或者是主干道，交通十分便捷，以过往游客或附近城镇为主要的客源市场。距离客源市场相对较远，但随着国内私家车的迅速普及，也为这类乡村带来了乡村旅游发展的巨大商机。与上一种类型相比，城市游客虽然也强调休闲，但可能更加注重旅游产品的生态因素；城市游客市场规模相比较小，但消费水平可能更高（目前的有车族多为经济较宽裕的群体），其客源市场还可能由城市或大型工矿区拓展到小城市或小集镇。在我国很多地方都有可能形成沿高速或交通主干道分布的特殊"高速公路带"乡村旅游景观。

由于这种类型的乡村旅游的客源主要为中程旅游者，对文化、生态方面要求与其居住地差异更大，以原生态、原文化、强刺激等为特点。

（三）景区依托型

这个类型的景区临近乡村或在乡村景区内，相对贫困的乡村生活往往与景区形成很大对比，乡村居民通过旅游发展，直接获取旅游经济效益的愿望往往十分强烈。以到达景区的游客作为主要市场，其开发有利于丰富旅游活动内容，缓解社会矛盾、增强景区吸引力，延长停留时间，增强旅游地收入，提升景区品位。

1.名镇名村型

含古村镇、现代典型乡镇（如小康村）、名人故乡、影视基地、奇闻逸事发生地、革命纪念地等。典型地点有：黑井、和顺、剑川县的一些古村落、瑞丽大等喊村等。

2.典型农业景观型

以特有的典型农业景观为依托的景观本身就具备吸引远程旅游者的能力。如元阳梯田附近村落、罗平油菜花景观涉及的村落、蒙自万亩[①]石榴园等。

---

① 1亩=666.7平方米

3. 典型民俗民风型

特有的、典型的民俗民风具备较强的旅游吸引力，能吸引远程旅游者。如版纳傣家乐、芒市三台山、富源古敢水族乡等。

4. 边境型

位于边境地区，形成特有景观。如瑞丽一镇两国，一村两国特色景观，盈江那邦镇等。

5. 特有生态景观型

以特有的生态景观的强吸引力为依托。

（四）复合型

依托以上两种或两种以上资源的模型，其依托模式为复合型。

三、乡村旅游项目模式

（一）休闲观光模式

这种乡村旅游项目模式主要是以欣赏田园风光为主，从而起到身心放松的作用，同时这种乡村旅游项目也会涉及一定的农事活动。一般情况下，观光园的位置在城市的郊区或者是风景区的附近，然后在这些区域开辟与本地乡土风情有关的果蔬园、花卉园等，让游客参与采摘、观赏等。

例如，一些的观光农园主要是由几位农民联合创建，游客在观光农园中不仅可以采摘，也可以在这里住上一段时间，使身心得到放松。除此之外，农园的主人也可以为游客提供厨艺培训、摄影、绘画以及舞蹈等方面的培训服务。通常情况下，乡村旅游设施主要有牧场、马场、乡村酒吧、乡村音乐会等。

（二）务农参与模式

这种乡村旅游项目主要是以务农形式为主，游客可以在乡村进行农事活动。

旅游者放牧可以拿到工资，以资助旅游费用。不仅解决了农场劳动力缺乏的问题，而且可以就近推销产品。还有其他的活动，如农场学校，在教授农业知识的同时，也让游客对他们的农产品有了一定的认可，起到就地宣传促销的作用，并且游客还要缴纳一定的学费。另外还开展农产品采摘、乡村音乐会、垂钓比赛、果品展览、宠物饲养、自制玩具、微型高尔夫等。

  日本都市农场的务农旅游最有代表性，每年要举行两次，即以春天的播种和秋天收割为主，组织旅游者和农民一起到田间干活，体验乡村生活。旅游者跟农民一样起早贪黑，也很辛苦，真正体验到乡村生活的情趣。日本务农式乡村旅游引起人们对农业和环保的重视。沿海地区的乡村旅游可以到海里捕鱼，进行海带加工，这种旅游不受季节限制。

第三章 乡村振兴背景下乡村旅游的市场规划

本章主要介绍乡村振兴背景下乡村旅游的战略背景、乡村振兴背景下乡村旅游的市场规划理念和特征、乡村振兴背景下乡村旅游的市场分析和发展定位、乡村振兴背景下乡村旅游的发展策略与规划分析。

第一节 乡村振兴背景下乡村旅游的战略背景

党的十九大报告明确提出实施乡村振兴战略，具有重大的历史性、理论性和实践性意义。从历史角度看，它是在新的起点上总结过去，谋划未来，深入推进城乡发展一体化，提出了乡村发展的新要求、新蓝图。从理论角度看，它是深化改革开放，实施市场经济体制，系统解决市场失灵问题的重要抓手。从实践角度看，它是呼应老百姓新期待，以人民为中心，搞好农业产业，保护建设好农村，服务好农民发展进步，提高农民的社会流动性，扎实解决农业现代化发展、社会主义新农村建设和农民发展进步遇到的现实问题的重要内容。

乡村振兴的重要动力之一就是乡村旅游。十九大会议之后，中央和国务院出台了《关于实施乡村振兴战略的意见》，乡村旅游的发展词条提到了3次：一是在产业兴旺部分提出"实施休闲农业和乡村旅游精品工程"；二是大力发展乡村旅游是实施乡村振兴战略的重要抓手；三是发展乡村旅游，有利于实现产业兴旺，有利于打造生态宜居空间，有助于实现乡村的乡风文明，有助于形成治理有效格局，有利于实现村民生活富裕。对于乡村振兴来说，乡村旅游能够运用自己的独特优势发挥出巨大的作用，作出非比寻常的贡献。乡村旅游业的发展与乡村振兴战略密不可分，两者处在相互影响的动态发展之中，它们是一种既相互促进又相互制约的关系。乡村旅游业的发展不仅能够使自身经济功能得到提升，还能对乡村其他功能起到推动作用。随着乡村振兴战略的实施，其他各个功能对乡村旅游业的发展既是一种加强，又是一种基础和条件。

一、乡村旅游是乡村振兴事业的重要组成部分

在国家乡村振兴战略计划中，对乡村旅游的安排做出了明确的指示，对于乡村旅游来说，重要组成部分就是乡村振兴事业。而乡村振兴战略对于乡村的旅游发展提供了很大的支持，为乡村旅游的发展提供了理论基础，指明了道路。

"实施休闲农业和乡村旅游精品工程，发展乡村共享经济等新业态，推动科技、人文等元素融入农业""顺应城乡居民消费拓展升级趋势，结合各地资源禀赋，深入发掘农业农村的生态涵养、休闲观光、文化体验、健康养老等多种功能和多重价值"是从《乡村振兴战略规划（2018—2022）》第五篇中提出的。"大力发展生态旅游、生态种养等产业，打造乡村生态产业链"是从第六篇中提出的。第七篇中提出："推动文化、旅游与其他产业深度融合、创新发展"。其中包括"实施农耕文化传承保护工程，深入挖掘农耕文化中蕴含的优秀思想观念、人文精神、道德规范，充分发挥其在凝聚人心、教化群众、淳化民风中的重要作用。划定乡村建设的历史文化保护线，保护好文物古迹、传统村落、民族村寨、传统建筑、农业遗迹、灌溉工程遗产。传承传统建筑文化，使历史记忆、地域特色、民族特点融入乡村建设与维护""以形神兼备为导向，保护乡村原有建筑风貌和村落格局，把民族民间文化元素融入乡村建设，深挖历史古韵，弘扬人文之美，重塑诗意闲适的人文环境和田绿草青的居住环境，重现原生田园风光和原本乡情乡愁""建设一批特色鲜明、优势突出的农耕文化产业展示区，打造一批特色文化产业乡镇、文化产业特色村和文化产业群。大力推动农村地区实施传统工艺振兴计划，培育形成具有民族和地域特色的传统工艺产品，促进传统工艺提高品质、形成品牌、带动就业。积极开发传统节日文化用品和武术、戏曲、舞龙、舞狮、锣鼓等民间艺术、民俗表演项目，促进文化资源与现代消费需求有效对接"。

二、乡村旅游可提供乡村振兴新动能

国家的战略决策也有乡村振兴战略的一份，而乡村振兴战略具有战略性、全局性、长期性的特点。乡村振兴战略的总要求是乡村旅游发展必须要遵从的。而乡村

振兴的重要动力就是乡村旅游。乡村旅游同时还是实施乡村振兴战略的重要内容。发展乡村旅游有诸多的好处，比如有利于实现产业兴旺，有利于打造生态宜居空间，有助于实现乡村文明的发展，有助于形成格局的有效治理，有利于实现乡村村民的增收。乡村旅游对于乡村振兴来说，有独特的优势去做出自己特殊的贡献。

文旅产业的一个重要分支就是乡村旅游，乡村旅游能够推动乡村的经济发展，是振兴经济的一个新手段，在乡村振兴战略中发挥不可替代的作用。

第一，发展乡村旅游能有效地激活农村产业。对于乡村振兴来说，产业兴旺是基础也是关键。我国国民经济的战略性支柱产业就是旅游业，是乡村产业振兴的重要选择，旅游业同时也是扶贫产业、综合产业、美丽产业、幸福产业，能为乡村产业振兴发挥积极的引擎作用。乡村旅游作为农村产业发展的新方向，挖掘了农业的附加价值，促进了农业产业的融合发展，极大地激发了农村产业的潜力，将农村的产业链完善优化，实现农村现代化的道路。积极地发展乡村旅游和休闲产业，可以将农村土地合理利用，提高了农村土地的利用率和附加价值。

第二，发展乡村旅游是增加农民收入的有效经济途径之一，促进农民在家门口就业。发展乡村旅游是我们进行乡村振兴战略的开始，又是我们要打响的第一枪。

第三，发展乡村旅游能吸引更多农民工回到家乡创业增收，城市中创业的人来到农村创业，吸引外地游客来到农村旅游，将农村的人气凝聚起来，能够汇聚出一批农村振兴发展的人才。

第四，发展乡村旅游能将本乡优秀的文化进行传承，更大程度地改善农村教育，不仅如此，乡村旅游发展还能传承村俗、服饰、餐饮、宗祠、建筑、民约等物质和非物质乡土文化，不断促进我国乡村地区的繁荣昌盛。

第五，发展乡村旅游对打造生态良好适宜居住的农村来说也是重要的方法，"绿水青山就是金山银山。"乡村旅游需要以良好生态环境为前提。如果没有良好的自然生态，如果环境都是污水横流、空气污染，那么乡村就找不到那一片诗情画意，找不到那一片田园风光。同时，发展乡村旅游、乡村全域旅游化更能提升乡村生态品质，对于营造生态宜居环境，将乡村建设成现代版的"富春山居图"，也会发挥美容师的作用。

第二节　乡村振兴背景下乡村旅游的市场规划理念和特征

一、乡村旅游市场规划的理念

（一）旅游规划三元论

专家刘滨谊认为，旅游规划实际上就是为旅游者创造出来差异感，包括时间与空间的差异、文化与历史的新奇、生理心理上的满足，在这其中有三个不同的需求，以下是具体的表述：

其一，与旅游相关的文化，指的是旅游环境中的历史文化、风土人情、风俗习惯等。这些与此地居民的精神生活世界紧密相连。应该根据人们日常的行为活动进行相关的旅游规划。

其二，景观时空层面，对于环境中空间布局的规划，以及区域总体、景点的时间、空间的设计等等，都需要根据景观布局进行合理的需求规划。

其三，环境、生态、资源层面，包含了几项内容，比如土地利用、地形、水体、动植物、气候、光照等自然资源和人文资源结合的方面，然后对其进行调查、分析、评估、规划、保护，从生态层面来对自然景观进行合理规划。这些内容构成了旅游规划的三种需求，对于现代的旅游规划来说，也同样包含了三个方面：一是以"旅游"为核心的群体心理规划和项目经营，二是以"景观"为主进行优美环境的合理规划创造，三是以"生态"为核心的旅游生态保护。

（二）景观生态学理论

1866 年，德国专家埃斯特·黑克尔第一次提出了"生态学"的概念，这个概念最初是在其著作《有机体普通形态学》中提出的，之后生态学就作为一个研究生物与环境、生物与生物之间的一项重要内容了。

景观生态学是生态学的一个重要分支，它的主要研究对象是在一定的区域范围之内，许多不同生态系统所构成的景观之间的相互作用以及未来动态变化趋势。随着景观生态学研究的不断发展，目前景观生态学的研究重点主要集中在一个较大的空间范围和较长的时间尺度内，由多个生态系统构成的生态景观的演变过程。

在邬建国和余新晓看来,景观生态学的研究具体应该包括以下四点内容:

(1)景观空间异质性的发展和相关动态;

(2)异质性景观之间的相互作用和变化;

(3)空间异质性对一些过程的影响,包括生物和非生物;

(4)空间异质性的相关管理。

具有生态学意义的设计就是景观生态设计。据西姆·凡·德·赖恩(SimVanDerRyn)和斯图尔特·科恩(StewartCoben)的定义:任何与生态过程相协调,尽量使其对环境的破坏影响达到最小的设计形式都称为生态设计,这种协调意味着设计尊重物种多样性,减少对资源的剥夺,保持营养和水循环,维持植物生活环境和动物栖息地的质量,以有助于改善人居环境及生态系统的健康。这种理性人居环境应包括人类与地理环境、代谢环境、生物环境、社会环境、经济环境和文化环境的生态关系。

(三) RMP 理论

1.RMP 理论的提出

RMP 理论是我国旅游规划管理专家吴必虎提出的一个全新的观点,是指导区域旅游发展的一项重要理论。所谓 RMP 理论指的就是 R-nResoure 资源、M-Market 市场、P-Pr-duet 产品理论,其中"R"研究的主要内容是如何将旅游资源转化为旅游产品。在现代旅游业快速发展的现状下,旅游业的产业类型已经转变为高投入、高风险、高产出的产业类型,所以在旅游业的发展壮大之前需要对旅游业的规划做科学的评估,确定将旅游资源转化为旅游产品的有效路径。"M"主要研究的是旅游市场中对旅游产品的需求,这一研究包括两个内容:一个是旅游产品需求的弹性,即在一定时间内游客对旅游产品的需求变化;另一个则是旅游者的旅游动机,根据这一研究成果可以针对性地制定旅游营销策略。"P"主要研究的是旅游产品的创新,即根据消费市场的变化以及旅游资源的特色,采取产品的创新或者组合等方式来打造新的特色旅游产品,从而保证旅游业旺盛的生命力。

2.RMP 理论和乡村旅游规划

对于旅游业中的三个要素旅游资源、旅游市场、旅游产品来说,他们之间并不是对立的关系,而是相辅相成的,旅游市场是将旅游资源转化为旅游产品的基本目标,而旅游资源是打造旅游产品的基础,旅游产品是实现旅游市场价值的基础载体，因此在实践中我们要同时兼顾旅游资源、旅游市场与旅游产品。具体来说，RMP理论应用于乡村旅游规划中需要注意以下三个问题：

（1）旅游资源问题。一般来说，关于旅游资源的把握主要是通过调查与评估完成的，对旅游地区进行综合考察、测量、分析与整理，从而更好地去把握旅游区的资源现状，并且进行合理分配，这样连续的操作就是旅游资源的调查。但是在对旅游资源进行把握的过程中需要注意以下两点：一是要及时对旅游资源进行对比，包括同地区的旅游资源对比以及不同区域的旅游资源对比，从而寻找出具有特色的旅游资源；二是建立旅游资源档案，及时根据旅游资源的消耗来确定接下来旅游资源保护的章程，从而实现旅游资源的循环利用。

（2）旅游市场问题。从市场经济的角度来看，促使乡村旅游产品能够顺利地进入旅游市场是乡村旅游资源规划与开发的主要目的。所以在这个过程中，要准确地把握住旅游市场的脉搏点，否则乡村旅游的资源和产品可能会因为之前的失察从而失去存在的价值。对此需要注意两个问题，一是旅游业的发展趋势，二是旅游者的行为特征，只有这样才能够开发出具有前瞻性，符合旅游者需求的产品。

（3）旅游产品问题。旅游资源的特色、旅游市场的相关定位都是需要依靠旅游产品来实现的，直接表明了旅游产品就是旅游资源和市场的直接载体，一个好的旅游产品不仅需要满足市场需求，同时也能提高资源的价值和特色程度，因此在开发设计旅游产品时要以旅游资源与市场为参照。

二、乡村旅游市场规划的特征

（一）战略化

乡村旅游规划的制定对于乡村旅游的发展有着决定性的影响，可以说是乡村旅游发展历程中最为重要的一个文件。因此，在制定乡村旅游规划时不能只着眼于眼前的利益。要从战略的角度对乡村的长远利益与眼前利益进行协调，从而在促进乡村地区社会经济发展的同时保证乡村旅游的持久性。

（二）多元化

乡村旅游规划的多元化特征主要表现在以下两个方面：一方面是乡村旅游规

划的制定人员、制定方法的多元化。单纯依靠一个专家来进行乡村旅游规划毫无疑问是不现实的，因此需要诸多不同学科的专业人员合作对乡村旅游进行规划，在规划过程中也要根据需要灵活采取不同的技术手段；另一方面则是乡村旅游规划内容的多元化。乡村旅游规划并不是简单地对旅游进行规划，而是要综合考虑到乡村的社会因素、文化因素等，只有这样才能够保证乡村旅游与乡村融为一体，因此在内容上乡村旅游规划呈现出多元化的特征。

（三）系统化

乡村旅游规划并不是一项独立的工作。作为农村精神文明建设与经济发展的主要推动力，乡村旅游与农村社会的各个因子都有着十分密切的联系，因此要将乡村旅游规划视为一项系统工程，综合考虑乡村旅游与其他社会因子之间的关系，从而保证乡村旅游与其他社会因子之间的协调性，实现最终的目标。

第三节 乡村振兴背景下乡村旅游的市场分析和发展定位

一、乡村振兴背景下乡村旅游的市场分析

面对有不同旅游需求和欲望的游客，任何乡村旅游产品都不可能满足市场上全部游客的所有需求。乡村旅游经营者只能根据自身的优势与资源，从事某方面的生产、营销活动，选择适合自己经营的目标市场，以满足一部分旅游者的相关需求。因此，乡村旅游要通过基本的市场细分来选定自己的目标市场，进行市场定位，以便制定有效的旅游市场营销战略和对策。通过市场细分的作用帮助乡村旅游经营者发现市场机会，掌握目标市场的特点，从而制定市场营销组合策略，提高乡村旅游企业的竞争能力。

乡村旅游市场细分是指企业根据旅游者特点及其需求的差异性，将一个整体市场划分为两个或两个以上具有相类似需求特点的旅游者群体的活动过程。由于旅游者的购买欲望、购买实力、地理环境、文化、社会、购买习惯和购买心理特征的不同，决定了旅游者之间的需求存在广泛的差异。通俗地讲，旅游市场细分就是将一个大市场划分为若干个小市场的过程，将在某一方面具有相同或相近的

旅游需求、价值观念、购买心态、购买方式的消费者分到一起。

（一）乡村旅游的需求类型

人们对乡村旅游最重要的需求可以抽象概括为一种对乡村"意象"的梦想，它是对"乡村之美"的追求，这种由乡村的意象给人们所带来的"乡村之美"，是乡村旅游业赖以生存和发展的永不衰竭的源泉，这不仅包含对乡村田园风光、民俗风情的审美欣赏，还包括对乡村生活与农业生产劳动体验的向往。随着乡村旅游市场从观光旅游向休闲旅游和康体度假旅游发展，乡村旅游的需求类型大致分为以下五类：

1. 对回归自然的渴望

由于我国城市生活环境越来越拥挤，城镇居民已厌倦了喧嚣紧张的城市生活，希望通过乡村旅游暂时远离喧嚣的生活环境，寻求一种回归自然的享受，并通过参与各种农事活动获得身心的放松和娱乐。

2. 求新求知需求

我国城镇居民，平时跟农村很少有往来，由于长期生活在都市，他们缺乏对农村、农事和大自然的基本了解，尤其是少年儿童，对乡村旅游的各种独特农村设施和淳朴民风民俗充满了好奇。这使得越来越多的城市居民前去乡村旅游景区旅游，了解当地的文化习俗、民间艺术等，拓宽视野，感受文化艺术之美，扩大知识视野和陶冶情操，以满足自己求知求新的需求。

3. 怀旧情结驱使

由于我国特殊的历史，很多人都曾下乡插队当知青，有过在农村生活、劳动的经历，尤其是20世纪60年代到70年代知识分子接受贫下中农再教育运动，使相当一部分城市居民与农村、农民发生了或多或少的直接、间接的关系。这部分人多有重新感受那种田野风情，缅怀当年往事的怀旧情结。

4. 康体养生需求

随着我国老龄化时代的到来，除了传统乡村旅游业态以外，更出现了康体养生、山地运动等乡村旅游新需求，为乡村旅游地发展开拓了新的空间。乡村旅游者希望能够享受城市环境所不能带来的精神上的感受及物质上的需要，因此他们会更加注重农村的生态环境是否良好、食品是否绿色卫生、空气是否清新等因素，同时选择在这里进行一些体育活动，以强身健体。

5. 参与互动意识

随着旅游业的日益成熟，城市居民越来越期望能够主动参与到乡村旅游活动中。如以往对农家乐的需求，主要体现在餐饮上，最近几年游客期望"参与互动性娱乐"的要求越来越高，不但要求欣赏到独具特色的乡村旅游，还要求可以亲自采摘果实和干农活，或要求参与乡村旅游商品的生产、制作过程。这些活动既充分调动了游客的好奇心，又能让游客体验到自己创作的意义，满足游客的心理需求。游客能够全方位地主动体验乡村生活，这样更能加深对乡村生活的印象。对于我国城市居民来说，我们参加乡村旅游的需求并不是单方面的，所以要根据人们的多需求层面来构成乡村旅游的整体需求。

（二）乡村旅游目标市场策略

随着人们生活水平的提高。很多都市人都热衷于乡村旅游，使乡村旅游成为都市生活的主要部分。以城市居民为客源市场的乡村旅游开发可以考虑将适合自己的目标市场确定在周末工薪阶层乡村旅游市场、城镇学生乡村旅游市场、以家庭单位出游的乡村旅游市场以及私营工商业的业主、城市个体、离退休职工乡村旅游市场和入境游游客等几个细分市场上。

例如耕育农园。耕育农园是指农场经营者以农业生产、自然生态、农村生活文化等资源作为其发展的内涵，根据中小学生的行为习惯设计体验活动，加上详细解说的方式去满足游客对知识的渴求，达到自然教育的目的，在此同时，还促进了城乡交流的一种新型农业经营形态。

都市的很多小朋友对农产品常识了解不足，成为一个非常值得关注的课题，自然教育就是最好地解决这一问题的办法。现在自然教育课程大都是由一些商业机构组织，费用在100～400元，但是仍有很多家长愿意带孩子参加课程。有商业机构表示每次推出的课程报名人数都会远远超过预期。在农园中组织自然教育课程，有利于引导孩子了解大自然，爱护环境。在教学过程中，要唤起孩子珍爱自然的自觉意识，培养孩子户外观察自然环境的能力。

乡村旅游产品是营销的载体，对于乡村旅游营销来说，首要做的就是继续加快产品的开发速度，根据目标市场的变化制定适合自己的需求，与此同时旅游产品的配套服务和设施建设也要跟上，从而提升旅游服务质量。提高市场的美誉度和认可度。根据各个旅游细分市场的独特性和乡村旅游企业自身的目标,共有三种目标市场策略可供选择。

1. 实施差异化策略

乡村旅游企业根据各个市场的特点,去夸大农村旅游产品的种类,这样的战略就是实施差异化策略,充分适应不同消费者的不同需求,并以此制定不同的营销办法,从而扩大销售量。目前,乡村旅游产品雷同,市场竞争激烈,实施产品差异化策略迫在眉睫。实施差异化策略在具体的思路方面可以考虑:一是增加寻幽探险和健身内容,如定向越野、生存游戏、漂流、冲浪、空中滑翔、翼装飞行、帐篷营地等个性和时尚的旅游方式。农村的丘陵、山地、草原、河流和湖泊为这类活动的开展提供了条件。二是推出各项专题旅游,如"城市上班族""假如做农夫""市民小菜(果)园""教你编织和使用农具"等专题旅游,丰富旅游产品。三是注重开发休闲农业旅游产品。

2. 保持乡村文化特色

城乡居民对于乡村旅游的巨大需求一定程度上是因为农村环境的独特性,所以发展乡村旅游需要立足于农村生态农业,将相关的文化资源、文化素材进行一定的旅游化,增强游客的参与性的同时也要设计出高质量的农村文化产品,提高一定的文化品位。乡村旅游经营要依据自身的地域环境,寻找独特的发展方向,并且尽可能地形成规模、形成景观效应。以乡村闲置农宅为依托,集合地方风物特产与地域文化元素,创意出精致且带有浓郁地域标识的时尚乡土度假空间,打造集主题住宿、休闲餐饮、创意农礼购物、乡村沙龙活动等多种功能于一体的小而美的乡居艺术客栈。

二、乡村振兴背景下乡村旅游的发展定位

(一)乡村旅游规划创意

随着中国经济的快速发展,人们的生活质量也在逐步地提高,人们因为短期节假日的增多而拥有了更多时间可以去自然体验生活、放松身心。而城市居民的休闲娱乐方式之一也有了体验生活的一席之地。乡村旅游在这样的大环境下快速发展,学者们对于乡村旅游的研究也在同时跟进,但是其中关于乡村旅游规划模

式方面的研究却涉及的很少，目前在这个层面只套用风景园区规划的方法，是不利于发展的，例如：成都农家乐和北京民俗村这样的成功经营，虽然制定的规划都是标准的规划，产品样式与管理服务也很符合规划标准，但是缺少了一些特色，不利于长远的发展。所以政府部门在制定相关的标准时，应该多增加一些特色的产业模式，鼓励区域之间有差别的竞争，也可以根据当地的区域特色制定新型的乡村旅游模式，在项目设置中融入创意产业的元素，建设有特色持续发展的乡村旅游业。

1. 乡村旅游规划创意构建原则

（1）系统性原则

将创意性产业纳入整体乡村旅游资源范畴是构建新型乡村旅游规划模式的系统性表现，项目的发展必须要和乡村旅游建设、市场需求、经济发展、就业范围等有直接的关联，对于创意产业的布局和选址问题也跟乡村旅游资源的区域分布有着紧密的联系，所以这对乡村旅游项目建设也提出了一些问题，要求乡村旅游项目建设对乡村旅游资源要有全面的了解，并且要加入创意产业一起协调乡村旅游发展的进度。

（2）特色性原则

成功的旅游开发一定少不了特色项目建设的加持，而乡村资源正好拥有这一点，能积极地为创意产业的规划进行服务，其独特含有的附加价值也为创意产业的打造提供了选择，创意产业的打造不仅迎合了社会消费观念而且满足了大众需求，附加利润赚取、品牌效应建立等多个好处，实现了旅游经营者和旅游消费者两者之间的合作共赢，所以乡村旅游规划一定要融入创意产业，才能寻求到更好的发展。

（3）参与性原则

不仅传统的乡村旅游需要参与性元素的加入，创意产业的乡村旅游也同样需要，旅游者要进行实际的参与并且需要加入游客的优质意见，才能打造完美的乡村旅游规划和创新乡村旅游规划模式。

（4）可持续性原则

真正的科学的发展就是可持续的发展。而乡村旅游长期稳定发展的前提是创意产业的功能多样性的改进和不断创新，项目能够在运营阶段不间断地改进，才能持续地发展乡村旅游，展现它的后继性和持久性。

2. 乡村旅游规划创意模式构建

构建创意的产业模式，需要遵循以上提到的原则，能够在乡村规划模式的基础上进行深化改革，因为乡村资源区域的分布不同，所以特点也不同，总体归纳为三种规划模式：相融型规划模式、相伴型规划模式和综合型规划模式。

（1）相融型规划模式

相融型规划模式是根据当地的资源特色，引入适合当地发展的创意性产业，并且以相融合的方式进行应用，以乡村的旅游资源作为依靠，能够开发多种创新型的项目，但必须是在仅有的休闲农业乡村旅游规划项目中产生的。例如养生园、梦乡小镇等，这种类型的项目不仅是游客之前从来没有体验过的，而且还增加了许多就业岗位，使整个乡村以创意产业为主，从而形成新的管理结构，带动整个乡村旅游业蓬勃发展，这种模式的发展不仅将物质和人力资源都进行了充分地利用，并且形成了新的集约型产业，良好的循环发展下去并不是空口白话。

这种模式已经在璧山区青龙湖风景旅游区规划项目中成功运用，让模式有了一定的实际基础，璧山区青龙湖风景旅游区不仅有丰富的自然资源，而且拥有强大的开发潜力，引入创意让周边资源的开发利用能有更加规范的标准，从而达到经济最大化的资源循环利用。

（2）相伴型规划模式

古村落的旅游规划主要运用的就是相伴型的规划模式，需要与之前的资源独立分开，在周围的空地进行村落的模拟规划，设置各种各样的创意项目，这样的操作不仅保护了古村落的原型，而且可以实现农村旅游资源的可储蓄发展，同时增加了许多就业岗位，增加农民的收入。在模拟村落里，不仅将原有的活动赋予了新的创意，吸引了更多的游客参与，也转变了旅游氛围，虽然模式里的操作将资源进行了一定的相隔，但彼此之间可以通过交通组织联系，能更大程度上保留古村落的完好。

相伴型的规划模式体现在重庆市北碚区江东的生态走廊景观设计单体项目中，例如在重庆的农谷根据川东居民的生活特色修建了模拟村落，与原村落形成了一定的相伴关系，为相伴型规划模式提供了实际论证基础，所以类似的乡村都可以启用这样的规划模式，比如偏岩古镇的乡村就可以借鉴这一点。

（3）综合型规划模式

综合型的规划模式并不是单一的，它是兼有相融型规划模式和相伴型规划模式的综合模式，是两种模式的融合和发展，必须要在多种资源进行整体规划才能完成，必须要求发展此规划的旅游规划区里既有休闲农业旅游规划，也有古村落旅游规划。但因为这个规划规模较大，占地比较多，所以可以进行局部规划或者整体规划，根据实地情况合理运用。

之前提到的重庆市北碚江东生态走廊景观设计项目中，不仅运用了创意产业相融型规划模式，同时也有模拟村落相伴型规划的参与，起到了两者相互促进，互补的积极作用。

对于一个项目来说，有的项目是综合运用两种规划模式，有的项目是分别运用两种规划模式。而美丽乡村嘉年华是两种模式综合运用的典例，也是相对比较成功的案例。在总体上根据现有的地貌，将这个地方分为四大片区：移民新乡村、入口印象区、综合服务区、乡村嘉年华旅游区。将两种模式运用的典范成功地体现出来。

（二）乡村旅游规划发展定位

考验规划旅游设计的关键点就是乡村旅游规划的主题。乡村旅游规划的主题是否丰满，直接决定了区域的旅游形象、项目、产品内容体系的规划、设计、开发等所有的程序。

整个区域和各个功能分区的旅游发展战略方向就是乡村旅游规划发展的方向。定位必须要立足在可持续性发展的角度，在总体的发展状态下，文化背景、社会经济，未来趋势等条件优势的基础上，合理地规划区域里面和外面的地位、功能、条件、资源等主导因素。从微观的层面来看，就是从四个方向为依据确定乡村旅游规划的主题形象，例如旅游资源、区位条件、市场方向、发展目标。对于主题来说，环境资源就是生存和发展的基础，乡村资源就是定位的根本，旅游市场是定位的方向，旅游产品的结构体系就是主题形象的真正体现。而主题定位的重要因素则是环境资源、乡村资源、旅游市场、旅游产品结构四个方面。

对于乡村旅游发展定位来说，有三个原则：第一，宏观大环境视角。既将本地的资源特色和市场大环境的发展趋势同时考虑，又将其他地区国民经济发展的地位进行对比,以及与周边城市同产业的产生相应的竞争力;第二,发展的眼光。要用发展的眼光看待发展,还要结合可持续发展战略思想,注意市场的潜在开发程度和一定市场的发展趋势;第三,个性化特征。发展定位不仅要展现创新意识和个性化意识的主题,还要和其他同类型的旅游产业进行区分,具有自己独特的表现形式。而"乡土"两个字即为乡村旅游的核心优势,所以在乡村旅游的开发进程中切记不要丢掉了原本的乡土气息,过多地融入大城市的元素和城市化的方式并不是我们真正想要的效果,保持自身的独特性才是硬道理。

第四节 乡村振兴背景下乡村旅游的发展策略与规划分析

一、乡村旅游规划发展战略

(一)目前乡村旅游规划中存在主要问题

1. 无规划的自发发展状况占主导地位

从综合的角度来看,我国有的地方乡村旅游没有发展壮大的原因在于没有发挥好政府的宏观指导作用,缺乏相对应的宏观专项规划,使乡村旅游业的发展呈现很大一部分的散漫状态,缺乏从内到外的辐射。从具体的方向来看,出现了几个问题,例如不合理的功能分区、较为混乱的市场竞争、重复建设严重等,并且没有将自身的情况与传统景点相结合,很难发挥出景观特色优势。

2. 规划无资质、规划水平有待提高

现代社会的快速发展,国内的旅游业蓬勃发展,出现的旅游规划人才的问题越来越严重,在市场的刺激性下,一些并不专业的团体为了分羹而食,也将自己的手伸到了这个领域中,从而使乡村旅游规划设计没有较好的标准,一部分乡村旅游也走上了歧路,不仅没能将乡村旅游资源的独特优势发挥好,还让乡村的风貌遭到了不同程度的破坏,有的破坏甚至是不可逆转的。

3. 乡村旅游发展对土地利用的问题

传统的农业用地的实际功能随着乡村旅游的兴起得到了有效果的拓展,逐步承担起了商业服务的重要功能。与此同时,乡村的空间网格结构和土地利用结构也在随之发生变化，在现阶段的发展上，还出现了乡村旅游淡季和旺季分配不均衡的问题。

4. 开发与保护的问题

我国现阶段的乡村旅游领域并未制定有强烈针对性的、系统性的开发保护和指导。国际旅游政策论坛在相关报告中发表过这样类似的见解：应该将旅游目的地的自然承载力以及社会承载力视作开发活动的首要原则性标准来看待。所以与此同时要求在这个发展的过程中不能以牺牲环境为代价来换取资源，应该坚持可持续发展的方针政策来进行开发，加强对自然资源的保护和发展。

（二）乡村旅游规划发展战略

乡村旅游规划开发的指导思想是发展战略目标，是发展乡村旅游业社会经济发展过程中的政策依据。在确立这个战略之前首先要对乡村的旅游区域进行SWOT分析。其中的优势和劣势的分析是对乡村旅游产业的多个方面进行的。包括有开发资源条件、区位条件、市场占有比、基础设施、管理经营、营销策略等。从而能在一定的程度上把握乡村旅游遇到的优势和不足。关于机遇和挑战的分析是从其他角度来进行的，分别是从市场需求、大环境变革、发展趋势、产业组合这几个角度来提拿出乡村旅游规划开发的未来方向，并且明白其中的风险和挑战，能运用SWOT分析，准确地确定乡村旅游规划开发战略。

在乡村旅游开发的目标基础上，制定乡村旅游产业开发战略，并且制定一系列乡村旅游发展的保障体系。其中包含有一般性战略、针对性战略、具体战略步骤等。

旅游发展战略中具有普遍意义的战略和原则称为一般性战略，它在很多地方都适用，是各地旅游业想要进行发展必须坚持的战略原则，例如政府主导战略、可持续发展战略、信息化战略、人才战略等，都属于一般性战略的范畴。根据不同的乡村旅游地的自身条件提出的差异性战略选择即为针对性战略，是为了能更好地发挥地方优势和机会，尽量将威胁和风险规避掉，找到为农村旅游产业发展的新出路。例如生态化战略、区域联合战略、多部门促进战略等，都属于针对性战略的范畴。

对乡村旅游进行分期的发展规划就是具体的战略步骤，这是需要根据当地乡村旅游发展的目标而制定的一个阶段性任务。是以时间为界限，将具体战略步骤分为2~3个规划使其可以执行，例如可以根据远近来分为近、中期战略任务和远期战略任务，同时制定好目标，实现对目标的把握和操作更多的好处。

二、乡村旅游的规划分析

近几年来，被称为"中国蜜桃之乡"的山东省滨州市惠民县大年陈乡就赶上了这样的大潮，国内旅游业蓬勃发展，而大年陈乡凭借着优美的乡村环境和黄河文化景观，利用优越的地理区位，大力发展了乡村生态旅游，并且在当地开发了水果采摘园、万亩桃园等乡村旅游产品，举办了大型节庆活动，例如"桃花旅游节"，吸引了周边众多城市乡村的游客，充分发挥了乡村旅游的优势，技能攻击效益逐步地显现出来。

本地乡村旅游的可持续发展，是提高当地的经济发展水平和居民生活质量的首要举措，对于乡政府来说，积极引导本地的乡村旅游发展，并且主导全村的旅游规划工作是目前最为重要的任务。

（一）总体现状分析

1. 自然地理和社会经济概况

大年陈乡的地理环境优良，处于黄河中下游的鲁北平原上，位于惠民县境内西南部，黄河北岸，距离县城33.5千米，处于淄博市、济南市、滨州市交界的重要地理位置上。乡内天津市从业的人众多，所以此地也被戏称为"小天津"。乡区内属于温带季风大陆性气候，温度适中，很适合农作物的生长。水利条件也较为优越，建有引黄干渠，从而形成著名的簸箕李灌区。

大年陈乡主要以林果业为第一产业，产品主要有惠民蜜桃和红富士苹果，面积能达到40,000亩，由此成了著名的"林果蔬菜强乡"，近年来的发展中心主要在生态农业和特色农业方面，经济全面发展，总共建成了无公害果品生产基地一万亩，还衍生了新的产业链，"猪—沼—果"生物链工程300组。还在一定程度上发展了招商引资，民营经济实现了新的土坯，从而带动了其他产业的迅速发展，例如交通运输、地毯加工、建筑材料、果品包装四大产业。

大年陈乡的道路交通也十分便利，村中的公路都是新修的柏油路，对外的交通公路主要是以"解陈公路"为主,北接220国道,南通黄河浮桥及三处渡口,从而与周围地区联系起来。

2. 旅游资源状况

大年陈乡的历史很悠久,在乡土的滋养下,人杰地灵,不仅拥有秀美的自然风光,还拥有甘甜的农作果实,春天鲜花遍野,秋季硕果飘香。故此农业农村部将大年陈乡命名为"中国蜜桃之乡""全国优质果菜生产龙头乡镇"。在大年陈乡,我们能看到内在的一种生机韵味,未来必会蓬勃向上。

近几年来,大年陈乡发展种植的无公害蜜桃已经达到了2万亩的面积,同时借助着桃花开发旅游产业,吸引了省内外众多的游客前来一观。从2003年起,大年陈乡已经成功举办了四届"桃花旅游节",并借助这个节庆活动大力发展了招商引资,不仅吸引了省内外的游客,还吸引了不少国外的游客前来体验,大年陈乡的"桃花旅游节"以花会友,广开门路,将大年陈乡的生态农业等资源成功推广,为大年陈乡的社会经济发展做出了良好的表率。

现状下,大年陈乡实行休闲生态农业旅游开发,正在抓紧实施"百千万"工程,并实施"一节两线三园"系统开发,重点发展以田园休闲、绿色氧吧为主的乡村度假旅游村,另外,大年陈乡还发展了其他的业务链,引进外资来开发黄河风景园区—生态果园旅游度假项目等。

(二) SOWT 分析(态势分析)

根据大年陈乡自然地理和社会经济概况以及旅游业的发展情况,以及政府政策、宏观经济环境、外在竞争对手等因素,对大年陈乡的乡村旅游进行了SWOT分析。

1. 优势

(1) 主导性资源特色鲜明,符合现代旅游的发展趋势

大年陈乡是附近著名的"林果蔬菜强乡",是"中国蜜桃之乡""全国优质果菜生产龙头乡镇",是鲁西北充满特色的花园式乡镇,为发展现代乡村旅游提供了优厚的自然条件。

(2) 区域经济的持续发展,为乡村生态农业旅游开发注入活力

近两年大年陈乡的经济社会发展迅速,不仅培育起了果品贮藏保鲜、农产品

加工、交通运输、包装、农业旅游五大主导产业，还形成了较强的产业优势。整体的发展促进了经济大结构的调整，产业融合和相互渗透也跟着趋势得到提高，更多的资本等向农业部门进发，为乡村生态农业旅游的开发提供了一定的资金支持，有了一定的经济基础。

（3）新农村建设的政策优势

鉴于中央正在推行全国的社会主义农村新建设，为乡村经济发展提供了政策支持，对于大年陈乡来说，是一个适时的机遇，这就为大年陈乡开展新农村建设，发展新型乡村农业经济，开展现代乡村生态农业旅游提供了政策上的帮助。

（4）优越的地理区位，提高了规划区的可进入性

大年陈乡的交通位置也十分优越，位于济南、淄博、滨州三个市的交界地带，南边距离济青高速只有30千米的距离，东边距离滨博高速只有35千米，西南距离京沪高速90千米，北边距离220国道只有10千米。柏油路通车里程达到110千米，所以为大年陈乡的经济发展提供了交通支持。

2. 劣势

（1）旅游资源丰度不足，增加了旅游开发和产品组合的难度

大年陈乡发展的自然风光是以林果种植区为主的，历史文化资源不是很丰富，在一定程度上会对旅游景观及产品的种类造成影响，不利于乡村发展观光型的旅游产业。对于新开发的黄河流域的风景景观来说，缺乏实际的物质载体，可能在一定程度上对旅游资源的开发价值有影响。

（2）旅游业发展基础较差

虽然大年陈乡的乡村旅游产业的发展较为成功，但是在一定程度上还属于起步阶段，产业链并不是非常完善，基础设施也不健全，农民生活还是有一定程度上的问题，总体经济实力和地方财政并不能够满足大年陈乡总体的旅游开发所需要的资金支出。

3. 机遇

（1）国内旅游正处于高峰期，宏观市场机会巨大

随着现代社会的发展，国民经济逐步发展起来，人民生活水平也随之提高，所以人们对于旅游的需求逐步增加起来。而且国家还出台了带薪假期的政策，这

大大提高了人们旅游的频率,对于旅游区来说,是一个好机会,旅游已经成为现代人们生活中不可或缺的一部分。

(2)乡村旅游发展的新阶段,社会环境越来越好

文化和旅游部为了推动新世纪乡村旅游的大发展,将2006年定为"中国乡村旅游年"。各级政府为了发展经济都把发展旅游业作为拉动消费的有效措施来实行,旅游业作为新的经济增长点为发展旅游业提供了优良的社会大环境,是中国自古以来发展旅游业的最佳时期,社会环境的变好,给乡村发展乡村旅游提供了很大的便利,让乡村旅游业进入了前所未有的绝佳发展阶段。

4. 威胁

(1)市场竞争的威胁,同质产品的竞争

社会环境给乡村旅游提供了便宜的大环境,同时也带来了一定的弊端,地区之间的竞争愈演愈烈,造成客源分流的现象,尤其是乡村旅游、生态旅游的推广,更加剧了这个现象的发生。在山东省内,就有寿光的现代生态农业旅游、枣庄的万亩石榴园、长岛的"渔家乐"等。以黄河为主题的旅游开发也有不少,比如东营黄河三角洲自然保护区、高青县黄河生态旅游区、东阿县鱼山黄河文化旅游区等,众多的乡村旅游呈现全面开花的状态。

(2)旅游需求的多样化

现代旅游者文化层次越来越高,旅行的经历也越来越丰富,他们在旅游时对旅游地的选择也日益丰富起来,他们开始从过去的风景转变为追求旅游活动的质量和品质,寻求旅游产品更多的差异化,这样的需求同时为新型旅游地开发和创新提出了更高层次的要求。

(3)生态环境较为脆弱

大年陈乡处于黄河沿岸,在过去是沙化严重的地区,但在近几年的环境保护下,生态环境得到了明显的改善,比如植树造林、防风固沙、引黄灌溉等工作的开展。但是因为人口增长,旅游者的大量增加,工业的逐渐发展,给大年陈乡地区带来了不少的负面影响,当地的生态环境有恶化的风险。

通过以上的分析可以看出,大年陈乡在发展乡村旅游中有自身独特的优势,主体的旅游资源和当前旅游市场的需求非常吻合,非常合适,有利于旅游业快速

的发展；但同时，它存在的问题和风险也不容忽视，在开发中要重视出现的问题并且及时克服解决，最大程度上避免类似问题造成的恶劣影响，只有在开发初期阶段制定高要求，才能打出乡村旅游的高水准规划，准确把握到市场开发的方向，做到最好程度的开发工作，让大年陈乡能在乡村旅游开发的进程中成为最成功的新亮点。

（三）总体发展思路

对于消费者来说，旅游产品就是通过旅游活动得到的旅游经历，是在旅游过程中带来的和日常生活不同的特殊体验，是旅游者来旅游期间能达到的经验和经历的各种总和。

对于大年陈乡目前的旅游现状来说，产品数量较少，品种比较单一，主要是在林果业发展的观光旅游和休闲旅游，并在这个基础上策划的旅游系列活动，对于乡村人文等生态旅游资源和以黄河文化发展的旅游开发并未发展完善形成体系。

所以在今后的旅游开发中，要提出以下几点要求：一是要加强对优势资源的开发建设，精心打造品牌经典和"拳头"产品；二是要对已经开发好和正在开发的景区加强管理，能更多地提升其知名度，尽量让更多的旅游产品能进入到省市级别的产品体系中，发展更优化的农作产品；三是要解决好在旅游产品进行开发时产品的体系问题，要多对生态休闲观光农业和产品进行提升，让大年陈乡能成为具有生态性观光、休闲、度假、科普和商贸旅游等综合性功能的旅游目的地。

对于大年陈乡的乡村旅游的发展目标来说，要做到实现传统农业结构的转型和乡村资源的可持续利用，积极地推行城乡建设和人文生态的互动，实现农村的产业化和乡村的现代化双重升级。

（四）总体形象设计

对于乡村旅游的形象来说，表达出来的更多是一种"产品形象"，和旅游目的地的形象设计是不同的，所以在大年陈乡的乡村旅游发展中形象设计主要在于"品牌设计"。根据大年陈乡现在的发展状况，以及主体资源特色、游客对大年陈乡的旅游感知度、未来发展的需求这三点来制定口号为：中国蜜桃之乡，黄河生态画廊——山东惠民县大年陈乡。

（五）产品开发策略

根据以上的情况，并且结合大年陈乡目前的旅游开发情况、旅游资源赋存情况和旅游市场的发展趋势来看，大年陈乡在今天的旅游产业发展过程中，应当进行以下几个重点的旅游产品开发工作：

1. 依托高科技农业开发农业观光、科普旅游

大年陈乡拥有的水果品种数量众多，有惠民蜜桃、惠红富士等优良的水果品种，栽种的面积高达几万亩，依托优质水果果园建立了几处关于水果的高新技术示范园区，充分展示了现代高科技农业的成果，明显地展现了农业"高科技"这一主题，开展了观光和科普一体的现代生态农业旅游。

要实施相应的品牌战略，在高科技的农业示范园区中，以"绿色·科技·未来"为主，目的是为了拉动高效生态农业观光旅游的发展；要充分对当地名优水果的市场进行利用，从而做到带动当地特色农业的旅游的发展；积极地引进国际的先进理念，取其精华弃其糟粕，进行高标准的观光农业，产业的开发也要体现现代的精神内涵，例如科技、健康、绿色、休闲、社交和文化等内涵。

2. 依托桃园、果园等开发农业观光园、休闲园、采摘园

以大年陈乡的几万亩桃园、果园为主，进行一系列农业观光园、休闲游憩园、果品采摘园的开发，以当地的林果业优势为主，开展主题的乡村休闲农业旅游，例如以观赏、休闲、度假、参与等功能为主题。这样的方式是现在国内观光农业、生态旅游中最受游客欢迎的旅游方式，游客在旅游的过程中，既可以欣赏到田园风光，还可以去体验一些简单的农业活动，比如农耕、采摘等等。

农业观光园、休闲园、采摘园主要以桃树、苹果树等生态农业农作物资源为基础，其主要性的旅游功能应为农业休闲、体验，辅助性功能为观光、娱乐和度假。

3. 依托农村（生态村）开发乡村旅游

依托大年陈乡新开展的高科技农业示范园、农业观光园、休闲园、采摘园等特色园区，发挥周围乡村的地理优势，例如区位优越、客源充足、民俗文化和自然资源丰富等优势，选取几个有特色乡村开发农村（生态村）乡村旅游，开发出有特色的游客体验活动，例如为游客提供住宿、餐饮、娱乐、度假等旅游服务，让游客在旅游过程中充分体现"住农家屋、吃农家饭、干农家活、享农家乐"的

乡村特色，实现乡村度假旅游与周边特色林果园区观光、休闲旅游的协调，实现人文资源与自然资源的合作开发共赢。

大年陈乡想要开发乡村旅游，最主要的需要凭借田、园、水自然要素与现代农家生活等人文景观结合的方式，联合周边乡村的特色优势，形成以乡村度假、休闲、生活体验、教育于一体的大乡村旅游区，形成高标准的农村旅游产业链。

4. 依托黄河开发黄河文化主题旅游、黄河生态画廊

以大年陈乡所在的黄河风景线为主，以黄河沿岸的自然风光、淳朴的田园生活景观为辅，用心培养黄河景观生态走廊，挖掘到沿岸的乡村文化风情，开展到以主题为功能的黄河文化主题旅游和黄河生态旅游，例如以休闲健身、科普、体验等功能为主题等。

旅游开发重点在于生态环境的培育并且建设贯穿整体的生态农业走廊和绿色风景线，尤其是以黄河为主题的开发更需如此。从旅游功能的选择上，重点在于建设黄河生态文化景观、风土景观，同时也要进行生态的科普、休闲、户外健身等旅游活动来增加体验感，从而能强化黄河岸边的生态效果，林果业也同样作为该区的主导产业进行发展，为发展其他农村休闲旅游产业培育资源奠定了成功基础。

（六）乡村旅游开发与新农村建设策略

大年陈乡在发展的过程中，需要将乡村旅游开发和农民新村建设的有机结合重视起来，让两者做到合作共赢。

现在对大年陈乡现在的村落和农民住房进行统一的改造，以建设新式农村和新式民居为切入点，将大年陈乡的村庄建设成为设施完善，具备现代生活条件、功能齐全的接待型服务农村。以新建造的民居为发展平台，大力发展乡村旅游休闲观光业，让大年陈乡发展成为居民休闲观光的旅游胜地，实现多种服务功能为主的新式农村，例如实现农业生产、农民生活、旅游服务等，形成有"城市沿线皆景观，村风貌有特点，家家户户有亮点，特色农业成景点"的新式农村模式，实现新农村建设中经济发展旅游促进居民增收的发展目标。

大年陈乡在发展农村建设中，要遵循以下的发展要求：第一，避免城乡趋同化。新农村并不像城市，本质上还是农村，所以在功能上要具备农民生产和生活

的特质，在建筑的风格上也要适用自然村落的格局，形成与城市和城镇相比较大的反差，在风格环境上吸引城市游客在本地体验生活，避免将新式农村建设成为城镇化的样貌。第二，农村新村要建设成多方位的新式农村，比如生态新村、文明新村、旅游新村等。第三，新农村的公共设施建设，既需要满足农民日常生活，也要同时能为游客提供旅游中的服务。第四，通过政策调整，将农村的卫生彻底整治干净，营造对农村的新印象。

第四章　乡村振兴背景下乡村旅游的资源发展

本章主要介绍乡村振兴背景下乡村旅游的资源组成结构和分类、乡村振兴背景下乡村旅游的资源特点与评价、乡村振兴背景下乡村旅游的资源开发和资源凭借、乡村振兴背景下乡村旅游的资源的区域分析。

第一节　乡村振兴背景下乡村旅游的资源组成结构和分类

一、乡村旅游资源的资源组成结构

乡村的旅游资源指具有吸引力的，能够吸引人们产生离开常住地进行乡村旅游的一切具有乡村特性的事物，可以是有形的客观存在物或自然环境，也可以是无形的文化或社会环境。

此定义包括以下要点：

（1）乡村旅游资源必须具备"旅游吸引力"，而不是"文学吸引力"或者其他类型的吸引力，也就是说，这种吸引力是要足以吸引旅游者发生离开常住地的空间移动行为的，这种吸引力是乡村旅游资源的核心。

（2）乡村特性（Rurality）指的是乡村特有的、有别于城市的那些因素，乡村性是乡村旅游资源吸引力的核心和独特卖点，需要指出的是，并不是所有在乡村地区的旅游资源都具有"乡村特性"，例如：建在乡村的主题公园、在乡村地区新建的吸引旅游者参观的现代化高楼和生产线等等，都不是本书界定的乡村旅游资源。至于那些新建的供乡村旅游者住宿的乡村别墅，就更不是乡村旅游资源了，只是乡村旅游接待设施而已。

（3）乡村旅游资源可以是有形的，也可以是无形的，但无形的乡村旅游资源必须要有一个有形的外壳或载体才行，否则也是难以吸引人们进行乡村旅游的。比如"乡村文化"，必须要以服饰、音乐、歌舞、建筑等有形物质作为载体展现或表达出来，才能被称为乡村旅游资源。若找不到某种有形的外壳或载体来让旅游者感知，则不能算作乡村旅游资源。

乡村旅游资源由自然环境、物质载体、文化元素三部分共同组成，形成立体、生动的有机复合整体，如图4-1-1所示：

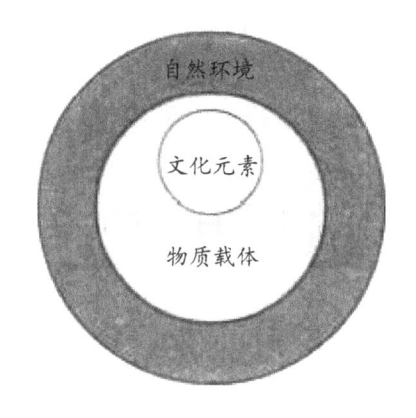

图4-1-1　自然环境、物质载体、文化元素

（一）自然环境

由地貌、气候、水文、土壤、生物等要素组合的自然综合体就是自然环境，是形成乡村旅游资源的基础和自然背景，人类要想创建有地方特色的景观，必须要在自然环境的基础上，创造与当地自然环境相协调的特色乡村景观。乡村旅游资源不管是在外部特征，还是在内部结构上，都会有自然环境的烙印。组成自然环境的要素是具有地带性分异规律的，在此影响下形成的乡村景观，例如农业类型、农作物分布、民居形式等也受到规律的影响，自然环境的各个要素对于乡村景观的形成来说起着不一样的作用，而地貌条件对乡村景观的宏观外貌起着决定性作用，海拔的高低、地形的起伏决定了乡村景观的类型，例如江南平原地区的水乡景观，山区的梯田景观等。地貌条件也对一些地区资源的利用和开发程度有影响，各地乡村的社会经济和人们的生活状况也受到了不同程度的影响，形成了乡村景观具有不同经济发展水平的现象。不只是上述的条件会对乡村景观起到影

响作用，还有气候条件对乡村景观也起着巨大作用，影响着动植物分布、土地类型、耕作制度及民居类型。水文条件也影响着农业类型，水陆交通、聚落布局等。土壤条件直接影响了农业生产的布局。还有生物条件，尤其是植物方面是组成乡村景观的重要因素，在这个影响下形成了各具特色的森林景观、农田景观、草原景观等。不同的动物种群又形成了牧场、渔场、饲养场等不同的景观。

（二）物质载体

物质载体在乡村旅游资源中是至关重要的。因为它们属于游客亲身观察到的具体实物，不论是什么样的自然资源还是何种的人文资源，都必须有物质载体的存在，例如农作物、牲畜、林木、聚落、交通工具、人物、服饰等有形的物质。这些要素的不同组合，形成了不同的乡村旅游资源。比如，竹楼、大榕树、水稻田、水牛，穿着对襟短袖衫、宽肥长裤的男子和身穿浅色窄袖大襟短衫、筒裙的女子，小乘佛教寺庙，构成了傣族乡村特有的景观。对于乡村旅游资源来说，乡村的物质生产是其中最基础的组成要素，可以形成不同类型的旅游资源，例如田园风光、草原牧场、渔区景色、林区景色、城郊农业景观等。对于当地的建筑来说，这个地区的自然环境和人文环境共同发展形成建筑的整体风格，例如建筑材料、房屋形式、布局、功能等方面可以反映出该地区地质、地貌、气候、水文、生物等自然条件，经济状况、民族文化、人口密度、土地利用状况、生活习惯等社会经济条件。

（三）文化元素

在整体的旅游资源中，还有一些不能被人们通过直接的感受而明白的无形成分，而这些成分也非常重要，是乡村旅游的精髓和核心，例如乡村思想意识、道德情操、价值观念、心理特征、思维方式、民族性格、风俗习惯、宗教信仰、政治观点等，虽然东西无形，但是游客能在乡村中的任何一个地方感受他们的存在，这些无形的成分，是整个乡村旅游资源的灵魂，没有了文化的滋养，乡村的旅游资源就像没有源头的水一样，失去了其应该有的魅力。人们只有在欣赏旅游资源的同时欣赏到深层次的文化内涵，才会真正感受到自然资源的魅力。与此同时，一个乡村内部的文化气质和精神外貌都是一种独特的风格，也是人文景观的氛围，比如可以让人们感受到奋发向上的气氛。

二、乡村旅游资源的分类

（一）乡村旅游资源分类的原则

1. 同质性原则

同一类型的乡村旅游资源在主要构成要素、资源功能、内部结构、开发方向等方面都是相同的，但和其他类型乡村旅游资源有明显的差异性。

2. 同源性原则

同一类型的乡村旅游资源的形成基础、形成原因，包括自然成因，社会成因等都具有很大的相同性和一致性，它们有相似的发展变化共性和演变规律。

（二）乡村旅游资源分类

根据上述乡村旅游资源分类的原则以及资源属性，乡村旅游资源分为乡村自然旅游资源和乡村人文旅游资源，如表4-1-1所示。

表4-1-1 乡村旅游资源的分类

大类	亚类	举例
A 乡村自然旅游资源	AA 田园（种植业）	稻田、梯田、果园、菜园、茶园、花园（花卉大棚）、温室、水乡等。
	AB 林区（林业）	森林公园、林场等。
	AC 渔场（渔业）	海洋渔场、淡水渔场等。
	AD 牧场（养殖业或牧业）	奶牛饲养基地等。
B 乡村人文旅游资源	BA 乡村建筑文化	祠堂、传统地方民居、陕北窑洞、福建北部土楼建筑等。
	BB 乡村聚落文化	民族村寨、古村落的布局文化等。
	BC 乡村农耕文化	冰车灌溉、刀耕火种、鱼鹰捕鱼、采藕摘茶等。
	BD 乡村礼仪文化	人生礼仪、农业生产礼仪等。
	BE 乡村节庆文化	火把节、节日庆典等。
	BF 乡村艺术文化	服饰、印染、陶瓷、剪纸、绘画、刺绣、雕塑、工艺品、音乐、歌舞、民间文艺等。
	BG 乡村饮食文化	山野菜、酸腌菜等。

（乡村旅游资源）

1. 自然旅游资源

乡村自然旅游资源包括田园、林区、渔场、草原、牧场等以不同的产业门类为依托的自然景观型资源。

（1）以种植业为依托的田园型

自然田园风光是乡村景观中最主要的构成部分，是旅游者首先感受到的资源类型，是乡村旅游资源开发建设的基础，是在我国最常见和典型的乡村旅游资源，它包括大规模或连片的农田带、多种类的经济果林与蔬菜园区等，和西方国家不同，我国是传统的农业大国，地域辽阔，地形、气候类型复杂，自古以来，人们根据地区的不同，采用了不同的耕作方式，形成了诸多的田园景观，根据不同的地理位置，可以划分为沿海渔业景观、江南水乡田园景观、平原田园景观、丘陵盆地田园景观、畜牧草原景观、高原田园景观等；根据景观农作物的不同，可分为茶园、花卉园、竹园、荔枝园、瓜园、枣园、桃园等。乡村田园景观展现出恬静而和谐、淳朴而生机盎然的韵律，因而成为城市居民精神和情感上的"寻根之处"。我国的农业生产以种植业为主，这些种植型田园，有许多本身就是很好的旅游资源，可以开发成旅游产品，例如云南曲靖罗平油菜花田园风光、昆明呈贡斗南镇花卉大棚、花街、花市等都是科技含量高、观赏性强的田园型乡村旅游资源。当然此类型的乡村旅游资源不仅限于传统的种植型田园，也包括运用现代农业技术的瓜果、花卉温室（大棚）、优质蔬菜、无土、栽培、反季节栽培示范基地等。昆明于20世纪90年代中期相继在团结乡、安宁、呈贡和三监农场建起了具有旅游功能的苹果园、梨园、桃园，近年来，四川攀枝花推出的杧果园也颇受欢迎。

（2）以林业为依托的林区型

指具有旅游吸引力的人工林场、林地、森林公园等，可以开发休闲、度假、野营、探险、科考和森林浴等多种旅游产品，这一类型的资源在乡村旅游发展初期占重要地位。例如：鄂伦春乡村的林海雪原风光，海南黎寨的热带雨林风光，而昆明西山区棋盘山国家森林公园、卧云山等均在当地乡村旅游初期扮演了重要角色。

（3）以渔业为依托的渔场型

这种类型的旅游资源可以是滩涂、湖面、水库、池塘等水体，也可以是农家后院的鱼塘这些资源。只需要经过简单包装即可开发为旅游产品，让游客广泛体验渔家生活乐趣，例如昆明北部松华坝水库以南一线，以鱼塘为特色的农家乐已经具有一定的知名度，成为市民乡村旅游的重要选择。

（4）以养殖业或牧业为依托的牧场型

众多的牧场、养殖场都具有旅游吸引力，尤其对中小学生、少年儿童，例如昆明呈贡的梅花鹿养殖场、个旧乍甸牛奶厂、位于呼伦贝尔市巴尔虎旗的呼和诺尔旅游点等，均是这一类型旅游资源开发得较好的典型，这些资源开发投入低，产出大，旅游者对旅游购物品的需求大，同时对企业产品还有一定的广告效应，开发这样的旅游资源可谓是达到了非常优良的效果。

2.人文旅游资源

乡村的人文旅游资源是乡村地区经过长时间的历史发展和各种生产、生活要素的积淀，能够构成乡村旅游独有特色的核心吸引物。

（1）乡村建筑文化

乡村建筑是"乡村性"的一个很重要的方面，乡村建筑属于"没有建筑师的建筑"，是一种土生土长的乡村文化与精湛技艺相融合的结晶，人伦之美、人文之美在其中表现得淋漓尽致。宗教仪式的殿宇，村子入口处、庭院内的风水树石，古城边的塔，古镇中的庙，都可能是一种文化的寄托、神灵的象征，具有丰富的文化内涵，具体地说，乡村建筑包括乡村居民建筑和乡村宗祠建筑还有其他的建筑形式，身处在不同地方的不同民居，都代表那个地区的地方特色，风格迥然不同，让游客体会到不同的感受，例如东北地区的口袋式民居、青藏高原的碉房，华北地区的四合院式民居、南方的人井院、客家五凤楼、围垄及土楼、内蒙古草原的毡包，喀什乡村的"阿以旺"，云南农村的"干栏"，苗乡的寨子，黄土高原的窑洞，东北林区的板屋，客家的五凤楼、围垄及土楼等，带有浓厚的乡土风情，尤其是地方的乡村宗祠建筑，例如气派恢宏的祠堂，高大挺拔的文笔塔，装饰华美的寺庙等，从另外一个层面反映出乡村的文化。

（2）乡村聚落文化

聚落是人类活动的中心，它是人们劳动生产、居住、生活、休息、进行社会活动的场所，乡村聚落的形态、分布特点及建筑布局构成了乡村聚落的丰富内涵。具有整体性、独特性和传统性等特点，反映了村民们的居住方式，往往成为区别于其他乡村的显著性标志。我国乡村聚落分为集聚型（团状、带状和环状），散漫型（点状），特殊型（帐篷、水村、土楼和窑洞）等，如广西桂林的阳朔、龙胜县的平安村、贵阳市的镇山村、井冈山的拿山盆地、江苏昆山周庄、山西平遥古城、安徽黟县西递村、江西乐安县流坑古村、浙江诸葛村、福建客家围屋等都是深受游客喜爱的旅游地。

第二节　乡村振兴背景下乡村旅游的资源特点与评价

一、乡村旅游资源的特点

（一）乡村性

乡村性（Rurality）的内涵在前文中已经说明，它是乡村旅游资源的核心特性，是乡村旅游资源区别于其他类型旅游资源的标志。

（二）和谐性

乡村旅游资源是人类长期以来与自然环境相互作用、相互影响形成的，其形成过程无一不是人与地理环境不断磨合的过程，在人与自然环境长期作用下形成的乡村旅游资源，是自然环境和人文环境各要素组成的复杂而和谐的统一整体，任何要素的变化都会引起乡村景观之间的差异，乡村旅游资源既受自然规律的支配，也受社会规律的影响，形成了一个复杂的系统。当人们掌握自然规律，遵循生态学的原理，人地关系协调时，大自然就给人们以恩惠，促进了乡村社会经济的发展，否则将受到大自然的惩罚。人们经过与自然环境的反复较量，逐渐认识并掌握了自然规律，人不能主宰自然界，只能和自然界平等相处，乡村的自然和人文资源应是和谐搭配的，包容了自然和人文资源的乡村社区也应是和谐的，这是实现可持续发展旅游的必经之路，包括以下几个内涵：

（1）旅游资源开发、管理规范，组织工作到位，卫生、治安状况良好；

（2）各主体间利益关系和谐：分配制度合理，政府和居民、居民和居民之间人际关系总体上友好、融洽、和睦；

(3）和乡村旅游资源相关的各主体和旅游业的关系和谐：社区参与动力足，各主体自觉支持乡村旅游的发展；

（4）人与自然和谐：旅游资源区环境优美，动植物生态良好；

（5）产业和谐：乡村旅游产业结构合理，经济稳步、协调发展，居民收入逐年递增；

（6）居民和游客之间的关系和谐：乡村居民对游客抱欢迎态度，游客的旅游印象良好；

（7）与周边资源区和谐：乡村旅游资源具有一定的知名度和良好的口碑，本地乡村旅游的可持续发展不会影响相关地区的利益。

二、乡村旅游资源评价

乡村旅游资源评价就是对乡村旅游资源所进行的分析、比较和研究，目的是查明现有的乡村旅游资源具不具备开发价值，具备多大的开发价值。可以从以下一些角度进行评价：

（一）吸引力

该因素包括自然吸引力：观赏价值，自然景观的美、奇、特、新、稀缺、特殊的象形含义、美景度、奇特性、稀缺性、特殊价值等；文化吸引力：历史文化价值，历史渊源、文化传统、文化品位、风俗民情、民间节庆、优美的历史传说、名人遗迹、传奇经历、社会时尚等；宗教吸引力：宗教价值，是否对宗教旅游者有巨大的吸引力，比如宗教文化的特殊性、宗教圣地、宗教活动体验感受等；科学吸引力：科学价值，对科考旅游的具有吸引力。如西安半坡村遗址是著名的旅游资源，它有着很大的科学价值，人们依此可以研究母系氏族后期的经济状况、生产方法、生产工具、生活方式、居住条件、婚葬习俗等。

（二）知名度

知名度是人们对该旅游资源了解和熟悉的程度及认识的广泛程度。许多旅游资源其美学价值并非很大，但知名度较大，其开发潜力也就大，因为旅游者，特别是大尺度空间旅游的旅游者倾向于选择知名度大的旅游地进行旅游，乡村旅游更是如此，"口碑效应"对于乡村旅游者而言，能够起到巨大的引导作用，知名度是人们形成旅游动机的重要因素,所谓"慕名而来"在很大程度上影响着乡村旅游者的旅游决策。

(三)可进入性

当从居住地到旅游地的单调旅行所耗费的时间与在线旅游的游玩所耗费的时间的比值小于某个临界值时,人们才会作出到该旅游点旅游的决策,人们在作出旅游决策时,总是追求最小的旅游时间比。这样,乡村旅游资源的可进入性显得颇为重要,可进入性是旅游者进入该旅游资源所在地的难易程度。可进入性主要是指交通条件和交通方式,道路不佳,交通工具落后等因素,会造成旅游者进入困难。此外,即使交通条件好,但乡村旅游资源的距离都市很远,旅途时间过长或旅途费用过高,也会形成旅游者进入的困难性。如昆明西山区卧云山乡村旅游片区,既有秀美的风景,也有多彩的民族风情,但离昆明主城区较远,当天返回十分紧张,而棋盘山、团结乡一带资源禀赋比不上卧云山,但乡村旅游却开展得有声有色,游客数量远远高于卧云山。

(四)环境容量

环境容量是旅游资源所在地在一定时间对旅游者的容纳量。容纳量以多少为合适,不能一概而论,乡村旅游资源的性质、环境不一样,容纳量的合理度也有很大差别,如一座博物馆和一个森林公园的容纳量的合理度就很不一样。假定在博物馆中每五平方米一位参观者,密度不算大,而对森林公园来说,密度已经很大。对于环境容量的计算,可以有不同的方法。同时,对不同性质的乡村旅游的也有不同的计算方法。

第三节 乡村振兴背景下乡村旅游的资源开发和资源凭借

一、乡村旅游的资源开发

(一)乡村旅游资源开发的概念

"开发"一词,英文表述为"explore""develop"等,指的是对原有事物的利用和发展，通常指人类对资源及其相关方面进行综合利用的过程。旅游资源开发是旅游开发的重要组成部分，指的是人类对旅游资源所进行的开发活动。乡村旅游资源开发是指人类在一定的乡村社区范围内，以追求经济利润为目的，以推动旅游业的发展为前提，通过综合考察游客的旅游需求，综合利用资源的活动。乡村旅游资源开发是一项复杂的系统工程，涉及区域背景、旅游资源状况和前景、资源开发模式、时序和规模、客源市场调研、分析与预测、功能分区和布局、产品设计、创新和推广、形象定位、环境保护、人力资源开发、旅游管理政策措施等因素。

（二）乡村旅游资源开发的原则

1. 保护优先原则

旅游资源是旅游业发展的前提和基础，旅游业要想获得持续的发展就必须合理地开发旅游资源，同时使旅游资源具备"进得来，出得去，散得开"的可进入性，同时加大基础设施建设，使旅游资源附近有着同环境相协调的接待设施，只有两个条件都满足了，旅游资源才能被旅游业所利用。乡村旅游资源的开发必须以乡村旅游资源的保护为前提。这是因为乡村旅游开发地大都是生态环境保护比较好的区域，这些区域有着优美的自然景观和朴实的人文景观，受工业污染较少。如果不遵循优先保护乡村旅游资源的原则，为了片面的追求经济利益，极有可能产生景观破坏甚至景观消失的问题。乡村生态环境是相当脆弱的，尤其是西部地区，如果不注意保护，乡村生态环境就会遭到严重破坏。当前一些乡村旅游资源的开发过程中存在着生态环境不够理想，人与自然环境不够协调等问题，制约着乡村旅游产业的进一步发展。因此发展乡村旅游时一定要做好生态环境的保护工作，增强生态环境保护意识，切实加强保护措施，促进区域旅游业的持续发展。

2. 整体开发原则

乡村旅游资源的形式是多种多样的，要从区域旅游的角度出发，进行统筹安排、全面规划、形成统一的区域旅游路线，促进区域经济的发展。

3. 文化性原则

开发乡村旅游资源时要深入挖掘文化传统，突出文化内涵。文化在现代旅游中占有重要地位，很多游客旅游的目的就是探访不同的传统文化，因此，乡村旅游资源的开发应体现乡村的文化机制，乡村文化的真实性、纯朴性、原生性是吸引旅游者的根本原因所在。

4.个性化原则

不同的地域有着不同的地理特征，由此导致各地区的旅游资源也是大不相同的，从而形成了不同的特色。独特性原则要求，在开发过程中不仅要保护好旅游资源特色，而且要挖掘当地特有的旅游资源，尽可能突出旅游资源的特色，从而形成鲜明的个性浓厚的吸引力，以满足游客多样化的需求。

5.生态和谐原则

乡村旅游资源开发的目的是发展乡村经济，即实现一定的经济效益。但是经济效益只是乡村旅游资源开发过程中所追求的目标之一，同时还要考虑开发活动不能超过社会和环境的限度，否则会造成环境资源破坏、社会治安混乱等负面影响，从而影响当地旅游业的健康发展。任何一个稳定的生态系统是经受住了时间的考验，有特定的物质能量循环方式和规模。任何外来物质和能量的进入都会对原有的循环系统产生影响，如果过多的注入新的物质和能量必然会打破原有的平衡，进而对当地社区产生不可估量的严重后果。这就要求乡村旅游的开发者要遵循生态和谐的原则，尽可能少的增添额外的物质和能量，乡村旅游开发应倡导质朴自然。

（三）乡村旅游资源开发的模式

在乡村旅游资源开发的过程当中要重视三种开发模式：

1.VC 模式（theVisitingCulturalModel）

即文化观光型模式。这种模式是指以旅游者从事观赏田园景观、观看一些民族风情文化活动、参观手工艺品展览、农产品展览等观赏性活动为主。

2.EC 模式（theExperiencedCulturalModel）

即文化体验型模式。是指游客亲自从事某种农事活动，或深入农民家中体验家庭生活文化，或者亲自参加某种手工艺品制作。这种模式为游客带来了新鲜的体验感，有助于增进游客和当地居民间的感情，进而提高游客再次到此地游览的机会。

3.SC 模式（theSyntheticCulturalModel）

即文化综合型模式。这种模式集文化观光与文化体验于一体，是一种能够迎合不同层次旅游需求的乡村旅游文化资源开发模式，目前来说市场前景最为广阔。

（四）乡村旅游资源开发机制

乡村旅游资源开发机制包括政府管理、利益分配、社区主体、生态环保、产业合作、产品创新、品牌形象七个切入点，如图4-3-1所示：

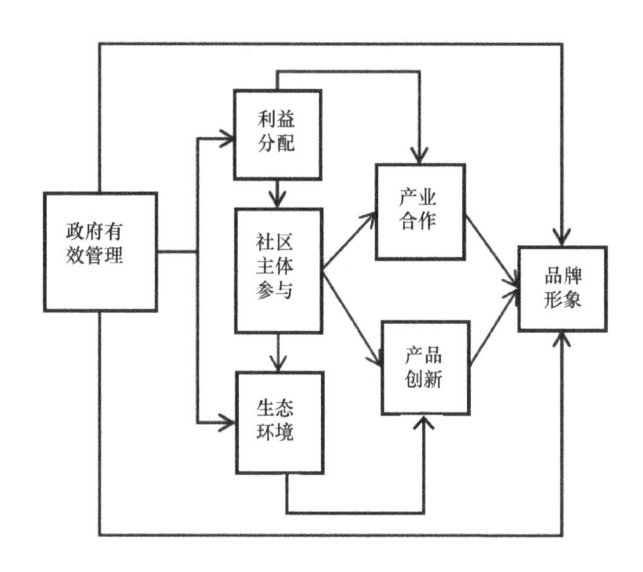

图4-3-1 发展机制的运行结构图

1.政府管理推动

（1）健全组织机构

乡村旅游资源的开发需要健全的组织机构作为支撑，因此，想要开发乡村旅游资源的社区要根据当地的实际情况成立专门的管理机构，比如村寨旅游领导小组、民间乡村旅游互助协会等。这些机构的职能为对村民的旅游业务进行指导，宣传本地特色的旅游资源，开展会员培训，组织游客参与旅游活动，受理游客投诉等。乡村旅游资源的开发单靠农户的力量是没有办法完成的，如基础设施的完善、道路、供排水、供电等，只能依靠协会和村寨的集体组织积极申请各级扶助资金加以改善。此外，以组织的身份出现，还可能争取到信贷机构的支持。

（2）规范管理制度

村寨旅游领导小组有义务规范该项目的管理，确保游客的合法权益和村民的基本权益不受侵犯。村寨领导小组要制定规范化的管理制度，要求农户在申请开办家庭旅馆时，具备一定的资质，即"四证"齐全（卫生许可证、安全许可证、旅游从业人员岗前培训证以及经营许可证）。要定期对经营用户进行等级评定，从基础条件、安全标准、卫生标准等方面对其进行综合评价。

（3）制定村规民约

城乡居民在生活方式、生活水平、卫生习惯上存在差异，在拉市镇的一些地方，基础卫生条件还较落后，可由村寨旅游领导小组牵头，征求村民的集体意见，制定与旅游业发展相关的村规民约，并将其变为村民的自觉行动，以提高村民的整体素质。对旅游地和接待食宿的农户家的厨房、餐具、卧室、浴室、厕所、用水及公共娱乐场所进行定期或不定期的卫生检查，对治安不好的区域，成立村民联防队。总之，以村规民约的形式，加强卫生和安全工作。

（4）完善法律规制

完善和加强对乡村旅游开发的法律规定迫在眉睫。可组建乡村民间旅游互助协会，制定有关章程，对乡村旅游活动进行指导和监督，使本社区乡村旅游的发展步入法治化、规范化的轨道。

2. 利益分配驱动

（1）村民在收入和就业方面应得到平等的利益分配

乡村旅游带来的最直接的经济影响是创造更多的商业收益，有助于提高当地村民的收入，提高政府的税收。特别是在旅游欠发达地区，乡村旅游带来的经济效应比发达地区更加的深远，当地的居民从乡村旅游中获取的经济利益也比其他产业更有效。但现实情况是，虽然居民处于旅游供给的最前沿，但是他们未必能获得均衡的利益回报。根据有关调查显示，在部分乡村旅游发达的地区，大量的当地人主要从事技术含量较低的工作，获得的经济报酬并不多，报酬优厚的管理性和专业性工作基本由外来人口占据。相比于其他产业，旅游业有着较强的季节性特征，由此导致各部分的就业也呈现出季节性的特征，当地居民在旅游就业方面出现了强烈的波动性，进而导致居民的低收入和不稳定倾向。如果居民在收入和就业方面无法得到平等的利益分配，就可能导致他们不愿意积极主动地参与旅游发展，其对于旅游产业的发展也没有热情。

（2）保证村民对旅游服务企业或部门有相对较高的控制权

旅游企业是社区旅游业的主力军，旅游产业的发展离不开高水平的旅游性的策划、开发，可以说旅游企业在一定程度上决定着社区旅游业的发展命运。因此在乡村旅游资源开发的初期，政府应积极协调旅游企业和居民二者之间的利益分配，实现地区之间、产业之间、个体之间利益的再分配。

3. 社区参与互动

一方面，要提高乡村社区主体的决策能力。组织社区居民特别是各位代表参加旅游知识及相关知识的教育培训，提高自身水平，培养其民主意识和参与意识；另一方面，政府必须通过行政手段给予其合法的地位，使村民的意见和决策具有约束力。

4. 生态环保带动

旅游的发展一方面依赖环境；另一方面，过度的开发旅游资源又会给环境带来消极的影响，甚至会破坏生态环境。如果不注重保护旅游环境，最终会影响旅游业的持续发展，这就是人们常说的"旅游摧毁旅游"。许多乡村在开发旅游资源的初期，不注意环境保护，肆意排放污水，随意处理垃圾，面对种种不利于环境保护的问题，要对村民进行宣传引导，帮助他们树立起环境保护的意识，养成良好的卫生习惯，同时环境治理还应做到"美化""绿化""净化"。

（1）避免开发性破坏

乡村旅游地在开发之初要进行合理的规划设计，进行环境影响评价和环境审计，确定该地区所能承受的环境承载力和游客容量，对于旅游开发可能对环境造成的影响进行评估，确定该地区是否有承担环境破坏风险的能力，确定"生态环境适合度"并在此基础上采取适当的环保措施。

（2）设立开发商准入门槛

对旅游开发者和经营者实施"分级"评定，以确定其是否具备开发经营的能力和权利，严格审查新建筑，要求新建筑的材料要以土、木、石等为主，新建筑的色彩和风格与周围的环境相一致，在乡村旅游集中的地区修建垃圾站。

（3）设立"公众教育馆"

对旅游者进行生态环境保护教育，同时在部分乡村旅游地建立"生态定位站"，监测旅游活动对乡村生态环境的影响。

（4）加强大气环境保护

严禁在乡村旅游资源区内新建、改扩建增加二氧化硫、氮氧化物、总悬浮微生物的颗粒污染排放的工业项目；严格控制汽车尾气排放标准，减少汽车尾气对大气的污染；大力提倡和开展生态旅游。

（5）对社区居民加强环保宣传教育

让村民逐渐改用清洁能源，改烧煤烧柴为烧沼气、液化气。大力整治村庄环境。

（6）采用3R（reduce、reuse、recycle）策略

尽量使用当地生产的绿色产品，避免使用不可回收的一次性产品和塑料容器，严格农业废弃物的收集与处理。

（7）固体垃圾分类堆放

及时清除旅游垃圾，环卫工作应有专人管理，有专人负责清扫。村寨旅游开始运营后，垃圾数量不断增多，因此，要对生活垃圾实行分类收集并统一处理。每天将垃圾及时运出村外，可以采取每周两次集中处理垃圾（袋装拉走）的措施。在固定地点集中进行处理。

5. 产业合作联动

（1）以项目合作开发为载体

当前我国乡村旅游的发展面临着重重难题，如土地经营规模小、服务设施滞后、经济水平低等。实践证明，建立合作组织是实现乡村旅游快速发展的有效途径。因此乡村社区可以建立合作组织，以项目合作开发为载体，在具体的项目上实行合作。合作项目应以旅游产品的开发为前提，有了旅游地的吸引力和客流，才能带动其他旅游项目的开发，从而形成统一协调的利益市场。

（2）以企业为合作为纽带

在微观层面上，乡村旅游资源开发要以企业为合作对象。只有众多的企业参与其中，才能支撑起乡村旅游产业。乡村旅游开发初期，就要选择一批重点旅游合作企业，采取资本入股、技术入股、智力入股等方式，实行股份制合作，形成优势，取得成效，逐步推广。

（3）建立地域旅游合作系统

区域合作，优势互补。可考虑横向联合进行整体营销，找到各自在旅游产品链上的功能价值和定位，推出与众不同的乡村旅游产品，形成互补共生的态势。

6. 产品创新拉动

以乡村旅游产品生态化和多功能化，推动新兴乡村产业发展，进而实现可持

续发展。通过创新乡村旅游产品,重新分配乡村资源、整合乡村功能。

7. 品牌形象促动

乡村旅游要走产业化的道路,必须在统一规划下进行改造,打造品牌。如成都龙泉驿通过统一的规划,合理开发利用旅游资源,突出"花海果香"主题,体现"桃花故乡、明蜀文化、度假胜地"三大特色,培养精品,促进旅游产品转型升级,以龙泉山脉生态环境为"绿色屏障",举办一年一度的国际桃花节,塑造农业品牌,拉动内需,带动了水果的销售,打造充满活力、配套完善的精品社区,取得了极大的成功。成都龙泉驿区的经验告诉我们,乡村旅游要想实现可持续发展,必须统一规划,深入挖掘特色资源,加强宣传力度,创立品牌,仅靠村民搞点农家乐,一家一户的小打小闹是很难持续发展的。

二、乡村旅游的资源凭借

乡村旅游开发的主要产品形式可以概括为两大类别:一类是古代乡村旅游,另一类是现代农业旅游。

古代乡村旅游是指以古代乡村聚落为依托,吸引旅游者来参观的旅游活动;现代农业旅游是指以现代农业生产方式、现代农业景观、现代乡村生活为主要的旅游资源,而开展的旅游活动。

(一)古村旅游开发

随着人们生活水平的不断提高,古代村落旅游在我国正如火如荼地开展起来,比如江西安乐县的流坑古村、安义县的古村群;浙江的诸葛村、江苏的周庄等。乡村旅游的兴起是时代发展的产物,反映了人们多元化的旅游观念。随着社会经济的发展,城镇化进程的加快,中国的城市建设存在着严重的同质化问题,到处都是千篇一律的现代化建筑,其中尤以火柴盒式、炮楼式建筑居多,建筑的外墙也普遍追求一致的风格,以白瓷砖镶贴。原先中国各地具有特色的建筑已经很少能见到了,因此保存较完整、有一定特色的古代村落对于喜爱传统文化的旅游者来说就是圣地,吸引着大批旅游者前来观赏。古村旅游在开发的过程中似乎走入了一个误区,很多古村旅游的开发管理人员认为古村旅游就是欣赏古建筑,只需要将游客带到这些保存较完整的古建筑前,让游客欣赏就可以了。但是,古村旅游中最宝贵的资源真的是那些与现代风格不同的老房子吗？安义古村群的旅游开发，也许具有国内大多数古村旅游开发的相似性。

安义是江西省南昌市属的郊县区，1999年安义人发现了3个保存较完整的古村群落，不少南昌市民前去观光旅游。当地政府受到启发，开始组织对古村群进行旅游开发。

2000年，当地政府正式启动了安义古村群的旅游开发项目。2001年，古村群落的开发已经形成了一定的规模，但是没有形成规模效应。根据安义旅游局提供的资料显示，节假日是古村群旅游的旺季，游客比较多，平常的时候游客较少。2001年的3月—7月，旅游者到访古村群月均1806次，日均60.2人次。大多数游客都是在"五一"长假期间到访的，7天到访的游客为1008人次，日均144次。

从游客的来源来看，大部分游客都是南昌市的，基本没有其他地区或者远程的游客，即使有个别其他地区的游客，也是由南昌市的旅游者陪同前来。由此得知，这些游客都属于假日旅游，他们来古村群旅游的主要目的就是休闲观光。由于休息的时间有限，他们不愿意去比较远的地方旅游，附近的古村群落成为最佳选择。

如表4-3-1所示，是通过导游服务单收集的调查数据。由于南昌市没有直接的班车到古村群，因此自发前来的散客数量是有限的，大部分游客是通过导游接待的团队游客，因此通过领队向团队游客发放调查表可以取得可靠的数据。本次填单的旅游者为210人，每个团队都是领队填，领队基本上反映了整个旅游团队的意见，因此可以说本次调查收集到了210个旅游团队的调查意见。

表4-3-1 旅游团队调查表

项目	人数	%
景区吸引力不足	67	31.9
古迹保护与修复要重视	31	14.9
环境卫生需加强	29	13.8
基础设施要改进	27	12.8
笼统回答好	17	8.1
景区管理需完善	12	5.7
收费高	6	2.9

续表

项目	人数	%
其他	4	1.9
未答	46	21.9

填表说明：允许旅游者填写多个选项，故总比例超过100%。

如表4-3-1所示，除了有21.9%的旅游者不回答以外，总比例为78.1%。很多旅游者不回答，其实是一种含蓄的表示，因此也可以把这种表示看成是对旅游景区不太满意。

大多数旅游者对旅游景区的总体满意度不高，只有8.1%的旅游者认为古村群的旅游过程是开心的。有31.9%的旅游者认为旅游区并不像想象中那样具有吸引力，需要加强旅游景点建设。旅游者在安义古村群落旅游中最关心的问题是古村群有哪些好玩的项目，哪里最具有吸引力，也就是说，古村群旅游的卖点是什么。

其他旅游者关心的问题包括：环境卫生、古迹保护与重修、基础设施建设等。

根据上表，可以得出以下结论：

（1）安义古村群的客源市场以南昌市和安义县为主，其他地区的客源较少。

（2）游客多选择在节假日期间来旅游，属于假日旅游的范畴。

（3）旅游者参观古村群的目的以休闲性质的观光为主，并不在乎景点周围的景色是否优美，对于具体的古建筑也没有太大的兴趣，他们更感兴趣的是古村落是否提供了"古""旧"环境，至于这个古村群究竟经历了多少年，有多少老旧的房子则抱无所谓的态度。

（4）旅游者在古村群的消费较低，大多数游客一天的花费不超过一百元，有部分游客抱怨收费较高，表明古村群的旅游开发比较单调，提供给旅游者消费的环节不多，游客在古村群中的游览体验与其期望值之间有着较大的差距。

由古村群"导游服务意见单"的分析可以发现，大部分到古村群的旅游者觉得古村群旅游吸引力不够的主要原因在于，当前有关部门是按照常规观光旅游的思路来对古村群进行开发的。虽然古村群中有着保存完好的古建筑资源，木雕艺术也很精美，从单体建筑来说，还是具有较高的观赏性的。但从整体来看，古村群则缺乏质量较高的观光素材。毕竟古建筑是凝固的、静态物体，大部分旅游者并不具有高超的审美情趣，无法欣赏古建筑的美。古村群的旅游线路开发者的最初的设计思路是，按照通常观光线路的理念将古村群众保存最完整、观赏性最强的古建筑串联起来，这样游客就不会错过任何一处精彩的景观。想法很好，但是却并不符合游客的心理预期。正像英国旅游学者詹尼·霍兰德等人所论述的那样，乡村旅游很难在一个地区设计出完整的旅游产品。

可见，古村群旅游资源的优势不是它所拥有的众多老房子，这些老房子对于现代旅游者而言，仅仅是表示对一个古老世界的记忆，而这些记忆都是片段的、破碎的，依靠旅游者自身难以把这些破碎的记忆串联起来，因此旅游者很难对这些古老房子产生旅游的乐趣。古村群真正的资源优势在于，中国实际上是一个农耕社会，古村群保留了这个可以修复的农耕社会的线索。它为城市居民提供了一个重返古代村落生产、生活，体验古朴农耕文化的悠闲环境。这是古村群进行休闲旅游开发的资源基础。

综上所述，古村群旅游资源的主要吸引物表现在4个方面：

（1）古村群建筑：古村群的建筑保存较好，这是古村群旅游开发的基础。

（2）古村群的古朴环境：古朴环境的形成需要时间的积淀，随着时间的流逝，很多古建筑遭到了破坏，经济的快速发展使得当地居民在古建筑旁盖新式的楼房，新建筑的风格与古建筑风格完全不同，需要进行协调。

（3）与古村群相适应的村民的恬淡生活状态：不管是古建筑还是古朴的环境，都已经是凝固、静止的事物，虽然会有部分古建筑爱好者来这里参观学习，但是对于大部分旅游者而言，他们很难欣赏古建筑的美，也不愿意花费时间专门去观看古建筑。大众旅游者对于古村群和古环境同时保留下来的当地居民的生活状态更加感兴趣，因此古村群的旅游开发应该将重点放在如何营造一个让旅游者感兴趣的古朴的乡村生活环境上。

（4）与古村群环境相适应的旅游活动编排：当前我国的古村群旅游存在着单一性的问题，很多古村群旅游开发管理人员认为旅游者来游览的目的是参观古建筑，只要做好古建筑的维修保养工作就可以持续吸引旅游者，这种观点只考虑到物的因素，没有考虑人的因素。事实上，古村群中的许多乡民保存了前辈流传下来的生活和生产手艺，这是典型的乡村生活原型，旅游开发人员要积极挖掘这些传统民俗文化，设计相应的农家休闲游艺节目。

（二）现代乡村旅游

现代乡村旅游是指以现代农业为旅游吸引物所进行的旅游开发活动。不同的区域有着不同的旅游模式，如宁波风化的滕头村依据该村的旅游资源，以现代乡村为原型进行了旅游项目的建设；广东三水的莲花世界以农业景观为原型建设了农业主题公园等。中国是个农业大国，农业人口占全国总人口的70%，很多城市居民在进入城市之前都在农村生活过，即使是长期居住在城镇中的人也有着浓厚乡村情结。随着我国城镇化进程的加快，传统农业正在远离现代社会，旅游与生态农业相结合的做法成了旅游开发的重要内容，在某些地区还取得了一定成绩，但这并不是说只要是乡村的事物都可以吸引到城市居民，休闲农业有其自身的特点。

（1）农业旅游应以具有较强消费能力的大中城市为依托，这是开展农业旅游的前提和基础。休闲农业的重点在于"休闲"，虽然农村中有着不同于城市的自然风光和人文景观，但是如果没有附近城市居民前来参观旅游，就很难开展下去，更不用说吸引远程的旅游者了。

（2）休闲农业应该是特色农业。在农业旅游开发的过程中，曾经出现了一个误区，部分人认为休闲农业就是未经过修饰的农业，乡村中越是纯朴的东西越能吸引旅游者，对于那些土得掉渣的东西，在旅游者中更是受欢迎。事实上，休闲农业在很大程度上是根据旅游者的需求适度加工和改造，不仅改造农业生产和乡村环境，同时对农民本身的生活也进行改造。

（3）休闲农业应该解决以旅游为主，还是以农业为主的问题。农业和旅游开发有时会存在不一致性。如果过分强调发展农业，就很难照顾到旅游开发；而将发展的重点放到旅游业中，又会影响农业的发展。一般来说，如果农村选择的是农业主题公园的发展模式，那该地应该将旅游业作为重点产业。但如果是传统的乡村，农业仍旧是农民生产生活的基础行业，农民需要花费大量的时间进行农业劳作。以生态农业为例，旅游者来此地旅游希望吃到纯天然，不施农药和化肥的蔬菜、水果，但是这种蔬菜、水果的产量不高，如果仅仅是为不常上门的旅游者服务，那农民的收入就无法保证，生态农业也难以获得持续发展的动力支持。

江西省南丰县的橘园人家——里陈农场，可以说是农业生态开发的典范。

江西南丰县是全国最著名的蜜橘之乡，它所出产的蜜橘以个体小、无核、无渣、味甜而著称，其中又以洽湾镇的蜜橘品质尤佳。洽湾自古以来因山水清秀，良田美竹，阡陌交通，鱼鳞瓦舍，素有螺溪福地之称。

距洽湾镇政府东面不到1千米的地方就是里陈农场。里陈农场是在1990年为积极响应国家生态建设而开发的，是全国水土保持小流域治理示范区，流域总占地面积11.5平方千米，按照"山顶造林，山腰种果，田里制种，水中养鱼"的发展思路，进行综合开发。

开发方式采用招聘农民的办法。在农场管辖范围内，划出不同的区域，区域内包括丘陵、洼地、水塘，并为农民建好一栋平房，房前挖出一口水井，房后挖出一个沼气池，每栋房可住两户人，每个区域成为一个相对独立的开发单元。

应聘而来的农民，任务是种植果树，并进行养护，山腰种植南丰蜜橘以及其他一些果树，产出的蜜橘和其他水果归县果品公司所有，由公司支付一定的报酬。作为回报，农民可在洼地中种粮，水塘中养鱼，果树林中养殖鸡鸭猪羊，并辟有一片好地由农民种植自己食用的蔬菜；粮、菜基本上可以自给自足，水产和畜产可获得收入。

经过近十多年的不懈努力，原先寸草不生的红丘陵顶部已经种上了马尾松和美国湿地松，并已成活；半山腰、山下种植了大片的南丰蜜橘以及沙田柚、黄花梨、红心李等优质水果，农舍掩映在果树林中，洼地的水田、菜地阡陌相属，塘中鱼虾肥美。

农场内的里陈水库环山而绕，总面积200余亩，阵阵清风徐来，泛起片片涟漪。置身农场内，处处树木成荫，果林成行。每当秋末冬初，蜜橘金黄，挂满枝头，总有不少城里人携家带口来此度假，白天他们垂钓于鱼塘，或与果农修剪果枝，采摘水果，或与农妇洒谷喂鸡，担水浇菜；中午则与农家共同烧烤自己的垂钓所得，吃的都是农民的家常便饭，这些都是纯粹绿色食品。傍晚游客漫步在周边的小山丘上，吞吐着大自然的气息，夜晚扯开嗓子卡拉OK，也绝对不会有人来干涉，因为邻居之间相距甚远。游客也可以自发组织篝火晚会。游客离开时，还可以带走自己的劳动果实，一筐正宗的南丰蜜橘。

里陈农场作为全国生态农业示范点，非常典型，几乎完全是按照农业专家设计的思路进行操作，十多年来对于小流域的治理已经初见成效。当初建立里陈农场、保护生态环境的目的已经部分达到。但是，也出现了一些隐忧，毕竟这是人为的生态农业发展模式，这里只有农户，没有乡村。因为每栋农舍相隔都有一定距离，住在一起的只有两户人家，而这两户人家，也是像城里人一样，住在相邻的单元内，因此，农民之间的交往不多。给参观者的感觉，就是这里的农户很孤独。这与传统农业社会不一致。在传统乡村中，大多是聚族而居，乡村居民的邻里关系相对比较密切，形成了一个完善的农业社会系统。里陈农场的农民都是应聘而来，邻里之间没有宗族与地缘关系，几乎每个家庭就是一个单独的社会，而且由于计划生育政策实施比较到位，农户家庭结构也都很小，使得这些招聘的农民几乎成为被外在世界遗忘的人群。更重要的是，作为招聘而来的农户，他们除了可以获得管护果树的一些工资收入，以及家庭经营的现金收入等流动资产外，在其所居住、所工作的地方，没有任何财产权。这里的土地是国家所有，房屋是国家所建，产权自然属于国家；而在自己的家乡，土地是乡村集体所有（个人自然拥有一份），房屋也是建在自家的宅基地上，因此有根的感觉。在里陈农场，农民的现金收入相对于自己家乡可能较高（每年现金收入4000余元，粮、菜可以自给），但农民缺乏归属感。如图4-3-2所示，为江西南丰里陈农场。

图4-3-2 江西南丰里陈农场

里陈农场确实是一个桃花源，但对于长期生活和工作在这里的农户来说，桃花源的另一个含义却是被遗忘的世界。因此，里陈农场开始出现农户流失的现象，不少农舍已经空无一人。

对于旅游者来说，里陈农场正是理想化的生态农庄，是标准的桃花源。其旅游吸引力主要来自农事活动,比如园艺;农家生活,如制作各种农家食品、垂钓等;农庄环境,比如果园、池塘、山丘、农田等。

(三)乡村事务旅游资源

(1)农事活动。随着经济的发展,科技的进步,工业化的进程不断加快,标准化、规范化的工业生产已然蔓延至人们生产生活的各个领域。人们对于日趋工业化的生活方式感到了厌烦,渴望更加活泼、生动的生产活动。没有很强的组织性和纪律性的农事活动满足了人们的需求。相对于标准化的工业生产活动的枯燥、单调来说,农事活动是一种自然型的生产活动,不需要去考虑标准化的作业模式,根据四时季节的变化随时调整工作任务,比较悠闲,有助于缓解紧张的工作情绪,非常适合城市居民放松的需要。因此,模仿农事活动的旅游项目应运而生,并且受到了游客的欢迎。农事旅游活动的开发是有一定限制性的,并不是所有的农事活动都可以纳入旅游项目中,传统的重体力活,或带有一定危险性的工作,如锄地、喷洒农药等就不适合于旅游项目开发。但是危险性不大的农事活动,如开拖拉机耕地还是有很多旅游者想要去试一试的。农民用拖拉机耕田是为了谋生,而游客想要尝试下田耕地,只不过是处于好奇的心理。农事活动旅游开发项目要想吸引观众的兴趣,最重要的是设计出整套的适合旅游者可体验的活动流程。

(2)乡村聚落。随着中国城市化进程的加快,传统的乡村正在消失。为了恢复传统乡村的面貌,全国各地兴起了以乡村聚落为对象的观光旅游的热潮。比如江西的流坑、安徽的徽州民居、浙江的滕头村等都依托本地丰富的古村落资源,开展丰富多彩的旅游活动。但是在这些古村落资源的开发利用过程中,存在一些弊端,如有的地区将民居内的农民迁走,单独留下老房子给旅游者参观。这种做法是对乡村旅游的误解,旅游者之所以会对乡村聚落感兴趣,愿意来此地旅游,是因为乡村聚落有着和城市完全不同的人居环境,他们想看看这些居民是如何生活的。一个空荡荡,没有人气的乡村聚落对于大多数旅游者来说只不过是一个简单的房子而已,房子哪里都有,这些房子并没有特殊之处,为何要花费时间和精力专门来这里看房子呢?不同的乡村聚落保留着不同的地域特点,反映着不同人群的居住习惯和居住状态。因为有本地居民的存在,乡村聚落才有着生机与活力，没有人居住的建筑，只是一个个单体建筑标本，而不是反映农民居住形式的聚落。

（3）农民生活。农民生活是与农事活动紧密联系在一起的，二者相辅相成。在都市居民的印象中，传统的农民过着一种与世无争的生活，他们性情平和，生活恬淡、安宁。对于久居在城市中的人来说，生活在这种环境中就同生活在桃花源中，快节奏的都市生活中根本没有这种氛围，可能乡村中还有一些类似的痕迹。中国农民在长达几千年的历史进程中积累了自己独具特色的生活习俗和娱乐方式。已经远离乡村生活的都市人群不仅向往乡村平和的生活环境，而且希望看到不同的生活习俗。因此，农民生活为乡村旅游开发提供了无尽的素材。

（4）农业生态。随着农业科技的发展，为了提高农作物的产量，人们在农业生产中，已经普遍大规模地使用各种农药、化肥、除草剂等。为了减轻农业劳动负担，人们开始引入机械化生产，拖拉机、联合收割机在农业生产活动中得到了广泛的应用。工业生产方式在农业领域的应用，一方面提高了劳动生产率，使农民摆脱了天气状况对于农业的制约，为农业带来了丰收；另一方面也使得农业生态环境遭受破坏，化肥的使用造成土壤硬化。乡村旅游就是要恢复传统农业生产和生活方式，农民日出而作，日落而息，使用传统的农业机械进行生产，拒绝化肥、农药，让旅游者在传统的农业生产与生活活动中得到享受。

（5）农业收获物。农民在土地上的辛苦劳作，到了收获的季节会收获各式各样的收获物。不同的地域，农作物种植的季节和种类是不相同的，收获的季节和收获物也是各不相同。农业收获物不仅为农民提供粮食，而且也为乡村增添了各种景观。腾头村就是发展农业收获物经济的典型例子。该村有着丰富的农业资源，利用柑橘、南瓜、葫芦、佛手等农业收获物营造出不同的农业景观，在作物收获的季节，吸引各地游客前来参观，不仅提高了当地农民的收入，而且有助于都市居民开拓视野。但是农作物具有较强的季节性，只有在收获的季节才能看到这种特殊的景象，等到收获的季节过后，乡村的景观就显得较为凋零。因此，利用农业收获物开展旅游活动必须考虑这一因素。乡村事务旅游是由多种因素构成的，是一个有机的整体，需要综合考虑这些要素的配置，恰当地整合这些要素，从而实现乡村事务旅游的持续健康发展。

（四）广义乡村旅游资源

乡村旅游包含了以乡村事物为吸引物的旅游，也包含了以非乡村事务为吸引物的旅游，这就是从广义上讲的乡村旅游，即在乡村地区的旅游活动。相对于城市而言，乡村地区人口密度较低，经济发展程度不高，或者交通不便，受人为活动影响的痕迹较小，使得乡村地区能够保留较多的自然与文化遗存。由于乡村分布有更多的旅游资源，因此旅游开发也更多地落实在乡村地区。这些分布在乡村地区的旅游资源就十分广泛。除了乡村事务本身以外，根据 OECD（经济合作与发展组织）的归纳，还包括：

（1）风景资源。包括山岳、海岸、湖泊、岛屿、河流，以及特色兴趣的风景，比如湿地、森林等。

（2）特殊的野生动植物资源。

（3）文化资产。包括历史性建筑和小镇、村庄、纪念地或典型的宗教场所等。

（4）特殊运动场所。比如狩猎、垂钓、滑雪、远足等。

（5）人口规模巨大的接近地区。

（6）能够有效提供或促进商业活动的地区。

（7）有利于人们身心健康的资源，比如温泉、地下热水等。

根据旅游开发中侧重点的不同，乡村旅游有广义和狭义之分，狭义的乡村旅游指的是自然生态环境以及以乡村事务为吸引物的旅游开发，强调的是"乡村事务"。而广义的乡村旅游指的是对分布在乡村地区的其他旅游资源的开发，这些旅游资源虽然分布在乡村地区，但是与乡村事务并没有关系。有法国学者认为，乡村地区的各种自然资源和文化事务都隶属于农村旅游资源的范畴，即使是与农事无关的地理地貌、自然景观，甚至是当地人的文化习俗、艺术创作、语言特征、历史文化遗产等都属于农村旅游资源。事实上这是从广义上定义乡村旅游资源，没有区分自然旅游资源与农事旅游资源。

乡村地区相对于城市而言，之所以成为主要的旅游承载地，乃在于乡村地区人稀地广的状态，在现代旅游开发中，旅游市场的作用越来越大，而对于传统的资源要求（即观光资源）却越来越少。乡村地区能够提供充裕的旅游开发用地条件，成为乡村旅游越来越重要的原因。因此，对于广义理解的乡村旅游来说，最主要的旅游资源凭借其实是土地。

第五章 乡村振兴背景下村落景区的构建

本章主要介绍景区边缘型乡村旅游的发展动因与发展现状、景区边缘型乡村旅游的开发原则和开发措施、乡村振兴背景下村落景区的资源要素与景区分类、乡村振兴背景下的村落景区规划与发展模式。

第一节 景区边缘型乡村旅游的发展动因与发展现状

一、景区边缘型乡村旅游发展动因

对于事物的产生和发展来说，内因是根本动力，外因是必要条件。对于推动景区边缘型乡村旅游的发展和改善来说，研究并厘清其发展的动因是十分重要的。

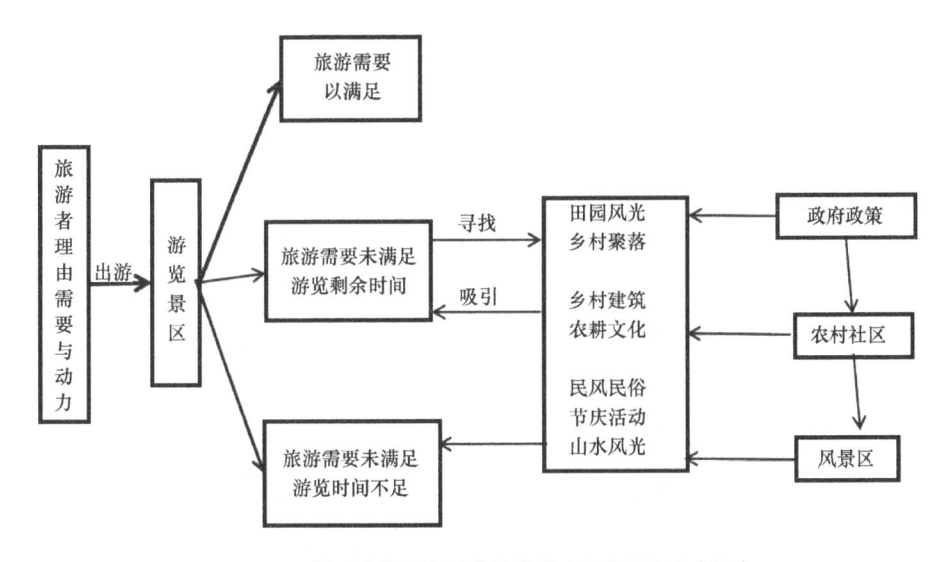

图 5-1-1 景区边缘型乡村旅游发展动因分析图（内因）

如图 5-1-1 所示，景区边缘型乡村旅游的发展动因有着一定的结构，我们可以发现，促成景区边缘型乡村旅游发展的根本动因主要分为两点：第一，旅游行为是以旅游者本身的需要和动机而出现的。通常情况下，旅游者们在景区游览这一环节后，还保留一部分旅游欲望，此时他们的整体旅程所规划的时间并没有结束。所以，满足这部分需求就需要丰富的旅游活动；第二，对于广大旅游者来说，在景区周边的农村里，如优美的田园风光、舒适的乡村聚落、古朴的乡村建筑、悠久的农耕文化、神奇的民风民俗、多彩的节庆活动、秀丽的山水风光等景观是很有吸引力的，这些景观可以激发广大旅游者开展相应旅游行为的欲望。上述二者属于景区边缘型乡村旅游的兴起与发展的原动力。

二、景区边缘型乡村旅游的发展现状

当今社会，我国很多地区都拥有蓬勃发展的边缘型乡村旅游景区，各地景区在规模上大小不一，更有如广西桂林阳朔乡村这种享誉全国的旅游胜地。然而，在我国各个边缘型乡村景区中，仍然存在下述几方面的问题：

（一）盲目开发，核心—边缘互动效果不佳

生活在景区边缘型乡村的广大村民见证了景区旅游的诞生与发展，也熟知旅游发展带来的经济效益。无论哪一个地区，要发展乡村旅游，都要带动村民、集体和外商，并从景区稳定的客源出发，通过主动筹集资金的方式来开发相应的旅游业，以此来获取经济利益。

乡村旅游本身规模小、投资低、开展门槛低，这就吸引了景区边缘型乡村后边的利益主体以自身利益为基础，在各种便利条件的加持下纷纷加入进来。然而，对于发展乡村旅游，政府往往会出现缺位的现象，因为即使当地政府对当地旅游业的发展足够重视，其目光往往聚焦于已经出名的景区的开发和建设上，不会过于关注当地边缘区域的乡村旅游，这就导致相关管理部门在规划当地旅游的发展时，不把乡村旅游资源的开发纳入考虑范围中，也就不会去考虑相应的统筹、规划等方面的工作。在这种背景下，各个经营者仅凭主观想法去投资、开发，部分地区的乡村旅游更是出现了遍地开花、景观重复的怪象，进而呈现出一种形式单一、水平很低、档次不高、不具特色的状态，不仅不能与其余景区构建互补关系，还导致自身的市场吸引力无法提高。由此可知，想要让区域旅游产生一定的集聚

效应和规模效应，关键在于保证景区旅游核心与边缘区域乡村旅游之间达成良性互动。

（二）管理落后，服务水平差

从实际情况看，我国很多景区边缘型乡村旅游项目都是经由一些村镇和农户开发，随着时间的推移和景区的发展，这些村镇的领导和农户也就从开发者转变为乡村旅游的经营者和管理者。但他们中的大部分都不具备足够的管理知识和能力，相关从业人员的业务知识和技能水平也不高，边缘型乡村景区的管理和服务的整体水平自然很差，这严重阻碍了乡村旅游的发展和旅游效益的提升。

景点管理问题主要分为以下五种类型：第一，卫生条件差。在景区边缘区域的乡村里，村民们并不具备足够的环境卫生常识，这就导致乡村的整体环境非常差，动物粪便和生活垃圾随处可见，严重影响了当地的旅游形象。第二，乱搭乱建现象显著。在部分乡村中，古建筑群和新建筑群混为一片，如电线一样的现代元素会对古建筑、古村落的古朴风格产生负面影响，并呈现出很强的违和感。第三，很多对外开放的民居，住宅屋里的陈设毫无章法，严重影响广大旅游者的观光体验；第四，游览景区交通标识不明显。第五，部分景区过分强调商业化，此起彼伏的吆喝声、叫卖声会打破景区本该呈现出的历史文化气氛，本应动人的自然风光也会变得暗淡，而广大旅游者们会以此无法进入"重返历史""回归自然"的状态，其旅游情趣自然会大打折扣。

除了上述内容，部分景点导游员的整体服务质量也不高，"景观美不美，全靠导游一张嘴"这句话可以十分贴切地形容景点游览，特别是人文景观。例如，在游览古建筑景点时，导游的讲解不够认真、不够透彻会导致旅游者只对景点的外形留有印象，而不去关注其所蕴含的历史文化。在当前社会，很多乡村旅游景点的定点导游员并不具备足够的文化水平，接受的训练也不够系统、不够充分，很多时候只能"背台词"式地介绍景观，没有去深入理解景观背后的历史，也无法完美解决旅游者们的文化问题，这会严重影响旅游者们的旅游体验。

（三）观光旅游为主，参与性不足

开发者过分倚重旅游资源以及不深入研究乡村旅游的需求和广大旅游者们的需求，极大地限制了景区边缘型乡村旅游景点的发展，导致很多乡村旅游只包括观光项目，而不包括其他参与性的旅游项目。这样一来，乡村旅游景点成为旅游者们一日游的地点，而且他们也不会选择留宿，消费时间和消费空间的不足使得他们不愿意在旅游上过多消费，从而导致景区景点的经济效益无法提升，甚至有降低的可能。

由于开办参与性旅游的景点项目需要大量的资金和人力的支持，一旦出现景点个性化不够强、客流量不够大的状况，景点的收支会很难得以平衡，旅游投资也会无法收获回报。这种现状进一步拉低了投资者开发参与性旅游的景点项目的积极性，相应的客流规模和项目之间也会产生非良性循环的关系。

（四）开发主体关系复杂，利益分配不均衡

和其他乡村旅游一样，景区边缘型乡村旅游在开发时也涉及政府、农村群体、旅游企业和广大农民等多方的利益分配，处理好这些利益分配问题、维护好各方在旅游发展过程中的关系，对于景区边缘区域乡村旅游的健康发展是十分关键的。就实际情况看，为乡村旅游收入分配带来巨大阻碍的，便是多样的乡村旅游利益主体在利益关系上的复杂交织，这种交织会引发各方利益主体的矛盾，因为每一方都想获得利益。利益分配不均会严重阻碍景区边缘型乡村旅游的发展建设。发展经济是发展乡村旅游的重要目标，政府、经营者和广大农民都希望借此提高自身收入水平，这就意味着在此环节很容易出现各种矛盾和冲突。科学合理地处理好利益分配的问题，可以极大地促进乡村旅游健康、长久发展，这应该引起政府、社会以及旅游界的高度重视。

（五）营销渠道过于单调，恶性竞争现象显著

目前，景区边缘区域乡村旅游具备经营规模小、投入资金不足、专业人才短缺等特点，而这些特征使得乡村旅游经营者在进行市场调查时无从下手，如黄山周边地区的乡村旅游始终将市场定位于在游览黄山景区之后还想进行其余旅游项目的游客，相应的宣传促销少之又少，其旅游产品的销售量只能由导游和其他旅游从业人员的引流量决定。此外，在景观上，各个乡村旅游景点的差别不是很大，而旅游产品又十分同质化，这既导致乡村旅游的整体营销量迟迟不前，又导致各个旅游景点之间出现毫无意义的恶性竞争，乡村旅游的总体客流规模也并没有因此而出现实质性的提高，这种现象对于乡村旅游的发展发挥着很强的负面作用。

（六）景点生命周期不长，无法实现持续发展目标

旅游产品最典型的表现形式是旅游地，1980年巴特勒（Bulter）为旅游地引入生命周期概念，这一举动受到广泛的认可。在构建旅游地生命周期模型时，Butler就强调旅游地的生命周期包括"早期探险""地方参与""发展（开发）""巩固""停滞"和"衰退"等阶段，而影响旅游地生命周期的因素包括需求因素、效益因素和环境因素。在诸多著名的景区边缘区域乡村中，地脉、人脉都比较类似，但各个乡村旅游产品的开发经营者不具备专业的知识，其创新能力和创新意识也不够高，在面对同一片目标市场时只能互相模仿，这就导致乡村旅游地的活力不强，其生命周期自然就很短。例如，享誉国家的凤凰古城周边的老家寨苗寨，与相邻的山江苗王府景区之间可以很轻松地构建互补关系，但由于相关经营者的协作意识不强，错误地实施了一些竞争策略，导致老家寨苗寨仅仅在旅游市场存活两年就销声匿迹。而在老家寨苗寨隐退一年之后，山江苗王府景区附近新开发了苗人谷，也处于老家寨苗寨的尴尬境地。由此可知，乡村旅游产品生命周期的长短，会直接影响乡村旅游的发展成效，进而决定区域旅游能否可持续发展。

第二节 景区边缘型乡村旅游的开发原则和开发措施

一、景区边缘型乡村旅游的开发原则

作为一种特殊的乡村旅游类型，景区边缘型乡村旅游比城郊型乡村旅游更具发生机理和发展规律。因此，从景区边缘型乡村旅游的发展动因及其指导理论——核心—边缘理论、系统论、可持续发展等理论出发，在开发景区边缘型乡村旅游时要秉持以下几条原则：

（一）开展整体规划和系统开发

如果将区域旅游视作一个完整系统，那么各个著名景区旅游和景区边缘型乡村旅游就是其子系统，这个完整系统的主要部分是各个著名景区旅游，而景区边缘型乡村旅游同样占据着重要位置。所以，各个地方在规划旅游时，不仅要考虑

著名景区的旅游建设，也要注重景区边缘型乡村旅游的发展，要在整体层面加以整体规划和系统开发。

乡村旅游是一种完整的系统，它主要涉及体制要素、政府要素、农业结构要素、土地政策要素、利益主体要素、资源要素、生产要素、经营管理要素、市场要素、人才要素等多种相关要素。所以，在规划乡村旅游时，要从全盘角度出发，以各要素的独特功能和其在整体系统中存在的关联性为基础，通过系统的办法和科学的统筹、组合，提升所构建系统的良性程度，进而促进景区边缘型乡村旅游的积极发展。此外，在规划景区边缘型乡村旅游的建设时，要综合调查和考量旅游地的区位条件、资源特色、生态环境、社会经济、客源市场等诸多因素，以此为基础在区域空间层面对其加以统筹和调度；从时空层面看，要科学有序地安排乡村旅游开发活动的各个环节。这样一来，一方面盲目开发和投资失误等恶性事件出现的概率会被降低；另一方面也能有效防止相邻地区出现建设上的雷同和重复的情况，进而提升乡村旅游开发的整体效果，推动乡村旅游更加健康、稳定地发展前进。

需要注意的是，系统始终处于不断的发展和运动之中。市场及其相关要素的波动会对乡村旅游系统的各个要素的数量和相互关系产生直接影响。而在这些子系统中，任何一个子系统、任何一个环节没有随着时代的变化而改善，都会导致整个系统不协调或系统与其外部环境之间的联系不协调。所以，规划景区边缘型乡村旅游的开发步骤时，要坚持以发展观为指导思想，并及时分析旅游发展在实际操作过程中反馈的信息，从而不断更改乡村旅游的发展计划，保证乡村旅游的规划始终具备较强的科学性和较高的指导旅游开发工作的水平。换句话说，景区边缘型乡村旅游要始终以发展的理念为实践基础，其整体规划要具备很强的系统性，并始终按照系统的认识论和发展论来对具体规划加以指导。

（二）加强核心带动，协调边缘发展

核心—边缘理论是整合区域性旅游资源的理论基础。所以，在规划景区边缘型乡村旅游时，要通过核心—边缘理论对各种旅游资源客观上存在的差异加以空间辨识，并以著名景区为规划核心，从而让旅游资源开发形成相应的增长极。核心—边缘理论能够帮助人们在推动景区边缘型乡村旅游的建设时，始终落实联动原则。上述"联动原则"指的是加强核心带动，协调边缘发展，不仅要提升著名景区旅游的核心带动效应，还要将乡村旅游和核心景区的发展关系以及乡村旅游的各个子系统之间的发展关系妥善地协调好。

为此，要改变以往将著名景区旅游和乡村旅游分裂开来、各自开发的错误做法，并明确两者之间相辅相成的依赖关系，从而为两者规划合理而又均衡的发展计划。此外，要加大景区旅游核心的培育力度，发挥好景区的核心带动作用，并将乡村旅游视作景区的必要补充来进行合理建设；还要让景区核心与边缘结构的联动关系在乡村旅游景点的规划中突显出来，并从圈层原理出发，围绕景区整合乡村旅游的诸多资源，从而构建乡村旅游景点在景区四周放射分布并呈现出众星捧月格局的局面。例如，可以将桂林市的"三山两洞一江"视作核心，将阳朔的"山水田园"视作边缘，因为阳朔在旅游资源、市场、管理、人才、资金等方面都十分依赖桂林。在规划乡村旅游区域的发展时，阳朔要以桂林为发展核心，并明确核心—边缘模型中的优势互补，切记不可与桂林产生竞争关系，要让其与桂林一同建立的旅游资源区域体系更加科学化、合理化。

综上所述，对于区域旅游发展来说，发展景区旅游核心、带动边缘区域乡村旅游是十分有效的空间战略举措。地方政府想要发展区域旅游业，一方面要加大对区域旅游核心的发展力度和培育力度；另一方面也要通过核心区将边缘区域乡村的诸多景观资源汇聚起来，以此为基础构建旅游创新活动基地，并规划主动向边缘区域加以扩散和联动的具体环节，提升核心景区的整体质量，从而推动边缘区域的发展，提高整个区域的旅游竞争水平。

（三）促进特色建设，推动优势互补

由于地脉和文脉比较相似，以及乡村旅游投资具备规模小、资金少、门槛低等特征，景区边缘区域乡村的产品同质化程度十分严重，这就导致景区的开发效果不理想，也在很大程度上阻碍了乡村旅游的前进脚步。所以，景区边缘型乡村旅游的开发建设不仅要遵循市场规律，并以市场需求为开展基础，在乡村地方文化文脉的加持下研究出有一定畅销度的旅游产品，而且要仔细考量景区边缘型乡村旅游的发展动因和条件，并在产品具备一定特色的基础上不断创新，不断提升旅游产品的市场价值。例如，在九寨沟周边，藏民居住区的风土人情与当地的自然风光有着十分明显的互补关系；安徽西递、宏村的古村落文化和黄山的山水景色有着十分明显的互补关系。优势互补的做法，能够提高景区的市场吸引力、竞争力、生命力等多方面的水平，也能够提高投资商的投资兴趣，从而推动乡村旅游的发展。针对当下不断变化的市场，我国景区边缘型乡村旅游要在休闲度假、参与体验、风土人情、绿色食品的特色产品等方面加大发展力度，推动优势互补的建设。

（四）提高思想认知，贯彻可持续发展

提高思想认知、贯彻可持续发展的做法，对于景区边缘型乡村旅游的建设是十分重要的。首先，著名风景区的可持续发展是乡村旅游发展的必要举措，因为核心风景区是景区边缘型乡村旅游在各个方面，尤其是客流规模的发展依托，核心景区的衰败会直接导致景区边缘型乡村旅游的衰败，进而无法实现景区的可持续发展；其次，对于核心景区来说，乡村旅游不仅可以提供良好的旅游环境和一定的客流量，并以此为基础推进核心景区的发展，还能够以有机补偿的身份来改善核心景区的整体形象、提升核心景区的吸引力。换言之，乡村旅游的可持续发展可以为核心景区的可持续发展提供保障和实现渠道。由此可见，明确乡村旅游和核心景区的关系、始终以可持续发展为开发原则，对于景区边缘型乡村旅游的发展是十分关键的。所以，从乡村旅游的开发角度看，政府决策者、农村村民、旅游企业管理者、从业人员等多方人士都要提升自身对于发展的认识，真正领悟乡村旅游发展的意义和价值，并提高对乡村旅游的主要内容和特征的理解程度，坚决抵制"唯经济利益是图"的"掠夺性"开发，从而以可持续发展为原则进一步协调生态环境、社会文化和经济效益之间的发展次序。也就是说乡村旅游的发展要与基本生态进程、生物的多样性和生态资源的维护保持一致的步伐；人们控制生活的能力在乡村旅游的发展过程中要有所提高，这样才可以使之与文化、价值观之间达成一致，进而促进社区个性的发展；乡村旅游的发展能够提高乡村的整体经济水平，也能让乡村提高对资源的管理水平，而经济效益要以资源的有效利用和有效管理为提高基础，只有乡村的经济效益提高了，乡村旅游和核心风景区旅游之间才能够有效互动、共同持续发展。

二、景区边缘型乡村旅游的开发措施

开发景区边缘型乡村旅游，能够有效推动景区建设。

（一）构建良好的旅游环境

景区边缘型乡村旅游景点主要分布于核心景区的四周和相应的主要进出通道，能够对核心景区发挥辅助和缓冲的作用。通过吸引投资改善乡村基础设施、保护和美化自然风景来推动乡村旅游的发展和社会主义新农村的建设。这种做法也可以让核心景区的整体环境进一步美化并提高各方保护景区的整体水平。旅游环境包括自然环境和人文环境，而旅游环境和人文环境之间有着相互扶持、相辅相成的关系。农村社区内的各个利益群体会在乡村旅游的发展过程中明确发展旅游关乎自身的收入水平，他们会以此为基础提高自身参与旅游业发展的积极性，也会更加关注旅游和社区人文环境的关系的发展进度，还会主动去调解旅游与社区人文环境之间产生的矛盾，并为之献计献策，从而推动旅游和社区人文环境之间的协调发展。发展乡村旅游，除了能让农民的经济收入水平有所提升，并帮助广大农民开拓脱贫致富的途径，也可以提高社会的整体效益。此外，广大农民可以伴随乡村旅游的发展而提高自身的精神层次、提升自身的精神品位，从而让自身的精神世界和文化生活更加丰富多彩，农村精神文明建设会因此更进一步。所以，乡村旅游业的发展对于乡村经济来说必然是利大于弊的，而且乡村旅游的发展可以帮助乡村构建良好的旅游环境，可以更进一步改善风景区的整体风貌。

（二）拓展旅游发展空间

由于旅游资源有限以及旅游产品本身具有一定局限性，在经过多年的开发后，景区在发展空间上早已表现出短缺，这就导致景区逐渐无法跟上时代发展的脚步。乡村旅游产品可以填补核心景区旅游产品的发展空白，并进一步改善广大游客的旅游感受，解决广大游客关于旅游提出的问题。所以，景区边缘型乡村旅游的发展可以拓展核心景区的发展空间，进而推动核心景区的旅游建设。

（三）分流客源，推动景区的可持续发展

一个景区如果足够成熟，那么它的客源规模必然会比较大。在黄金周期间，景区内的游客数量暴增，这使得景区容量变得饱和甚至超载，这是景区发展所面临的一大问题。对此，在开发乡村旅游时可以考虑适当地分散客流，以此来减轻景区承载压力，并提高景区的保护程度，进而促进景区的可持续发展。

除此之外，一个景区如果足够成熟，可以很大程度地带动其边缘区域的乡村

旅游向前发展，具体表现为以下三点：第一，可以为乡村旅游提供客源。成熟风景区因其知名度而拥有一定规模的、稳定的客源，而乡村旅游景点会吸引其中的一部分，所以，景区边缘型乡村旅游能够将市场目标定位为核心风景区的客流；第二，乡村旅游可以借鉴核心风景区的开发经验和经营管理模式，来规划自身的具体发展，而核心风景区的成功开发又可以为乡村旅游发挥带动效应和集聚效应，以此来提高乡村旅游的吸引力，乡村旅游发展的投资商或投资企业、资金量、人才量、技术等诸多方面的水平都会因此而大幅度提高；第三，以企业雄厚的资金势力、政府的大力支持为发展基础，核心景区的成功开发会帮助乡村旅游进一步开拓经营市场，乡村旅游景点的知名度会因此变得更高，乡村旅游的生存空间也会因此而更加宽阔。

根据上述内容，我们可以了解到景区边缘型乡村旅游和景区发展之间有着相互依存、相互促进、相互制约的复杂关系。所以，笔者认为，可以通过以下几种战略措施来促进上述两者更加良性、协调地共同发展：

1. 统一思想认知，促进旅游协作

可以通过下述内容来促进乡村旅游和核心风景区旅游的协调发展：第一，地方政府要重视乡村旅游，并加大对乡村旅游开发的指导力度，以此来保证乡村旅游与核心风景区的共同发展；第二，无论是景区经营企业还是各乡村旅游企业，都要明确双方的相互关联和对方的重要性，因为对于乡村旅游来说，核心风景区是发展依托，而乡村旅游景点分布于核心景区的外围，对核心景区发挥着有机补充的作用。所以，要统一思想认知，以此来促进旅游协作。对于乡村旅游和核心风景区来说，旅游产品开发要讲究优势互补，且二者要联合起来共同开拓市场，而乡村旅游要注意保证与核心景区的实时对接；第三，可以考虑为乡村旅游组织协会，通过协会制定相应的规章制度，从而让经营管理更加规范、旅游市场更加净化，各个乡村旅游企业的合作程度也会因此而加深，进而促进旅游软环境的构建，让整体旅游环境更加文明舒适、更加优美有序。

2. 加强交通建设，提高乡村通达性

在旅游发展中，交通具备很强的重要性，而对于景区边缘型区域乡村交通来说，其交通是核心风景区向乡村旅游景点输送客源的载体，也是核心风景区与乡村旅游之间的互动媒介。就当下情况看，我国乡村地区的交通设施还不够发达，出入乡村旅游景点的公路在等级、路面宽度、建材等方面都不尽如人意，这就导致旅游物资和客源的传播速度不够快，进而严重阻碍了乡村与核心景区之间的良性互动以及乡村旅游的不断发展。想要解决这些问题，就要加大筹集资金的力度和乡村交通建设的投入力度，从而改善乡村交通的各项设施，让乡村旅游景点在交通上更加发达顺畅，进而方便广大游客的出入，进一步促进乡村与核心景区之间的良性互动，并推动乡村旅游的可持续发展。

3. 加强品牌塑造，提高乡村旅游知名度

旅游资源的特色和品位直接影响协作的整体水平。虽然景区边缘区域的部分乡村具备独特、高品位的诸多旅游资源，但这种独特和高品位仅仅停留在乡村旅游的观光上，产品的文化内涵和参与程度仍然不够理想，其水平也仅仅在初级开发上下，旅游产品的个性和魅力也不够出众，自然也就无法吸引游客，这就导致乡村旅游与核心景区之间的互动程度不足。此外，对于品牌意识、品牌经营、品牌塑造等方面，乡村旅游在开发过程中并没有予以足够的重视。品牌是产品通过传播介绍后留给消费者的第一印象，它集产品属性、名称、包装价格、历史、信誉、广告等于一身，是产品的代表。品牌的知名度往往与其开发企业的信誉和质量保有密切联系。所以，乡村旅游在开发过程中要不遗余力地挖掘文化内涵，创造特色产品，提高产品质量，并通过建设品牌的方式来提升乡村旅游的整体形象、知名度和声誉，这种做法可以十分有效地促进乡村旅游与核心景区之间的良性互动。

第三节　乡村振兴背景下村落景区的资源要素与景区分类

一、乡村振兴背景下村落景区的资源要素

（一）区位资源

村落景区以单个或多个村落为建设基础，在具体规划前，要开展全方位的统筹分析，以确保村落景区可以顺利开展建设并可持续地管理和经营。在进行具体

的村落景区建设规划时，要考虑村落地理区位、交通区位、原有产业优势、旅游资源丰富度、村域空间合理度以及乡土异质性等多方面的因素，并以乡村振兴战略为指导战略，将乡村旅游业作为产业发展核心。所以，村落景区要以建设主体的定位为区域选择基础，这样既可以推动旅游景点的开发建设和乡村一二三产业的发展，又可以让乡村振兴的高层次需求得到满足，还可以帮助符合建设条件的村落开展村落景区建设。村落景区的村落选择可以进一步发挥乡村旅游资源的潜能，让村落具备更加长远的发展前景，也可以最大限度地提高乡村生产、生活与生态等方面的整体水平。

1. 地理区位

笔者认为，从空间关系角度看，村落景区应该位于城市郊区以外的乡村地区。如表 5-3-1 所示，不同类型的村落景区应该位于不同地理区位。

表 5-3-1 村落景区地理区位特点

村落景区类型	地理区位
景区边缘型	位于区域核心旅游景区周边，多处在景区的入口区域或通向景区的道路沿线。
城市近郊型	位于中心城市周围，围绕城市的绕城高速或快速道路沿线，处在都市一小时交通圈范围内。
民俗文化型	地理区位较为偏远（指建设前），民俗文化不易受外界干扰而得以保护。
产业驱动型	位于乡村特产资源丰富的区域，便于形成规模化的乡村产业，地理区位较好。
特色资源型	地理位置特殊，由特色资源所在区位而定，已有一定的建设基础。

2. 交通区位

从整体看，景区规划建设与后期运营和交通区位之间有着正相关的关系。村落所处的交通区位很大程度上影响着村落景区的规划建设。交通区位包括广域交通和局域交通，前者指的是景区所在城市的交通水平，如临安对外的交通区位，后者指的是景区与所在城市城区之间的关系；前者主要涉及市外资本、资源和游客的通达程度，后者主要涉及景区的对外通达程度。交通区位的选择需要考虑村落景区和主要客源地之间的交通关系、游客前往景区的最长行车时间,从而确保游客出行的满意度与景区的可持续发展。

3. 社会经济结构

村落景区所处区域的社会经济结构直接影响着村落景区的开发建设,而想要评价一个地区能否通过乡村旅游来发展自身经济,首先要宏观地考察这一地区的经济发展水平、地区居民素质与业余生活诉求、地区产业结构、地方政府政策导向、资金流量、未来发展趋势的研判等方面的实际情况。

4. 地方产业结构

分析地方产业结构,要从广域和局域两个角度入手。从广域角度出发,要通过分析周边大城市的产业结构和客源诉求的方法,来了解和掌握地方一二三产业的发展现状、地方政府对未来产业发展的政策导向,从而明确当地发展乡村旅游业的可行程度;从局域角度出发,要研究地方现有的乡村旅游业的具体现状,并仔细考量其当下所存在的缺陷和不足,厘清各地区在乡村旅游层面所存在的差异,从而防止各地区在旅游产品和客流量上进行恶性竞争。

(二)旅游资源

对于旅游景区来说,竞争的关键是旅游产品的吸引力。在依托村落发展的村落景区中,乡村乡土性旅游资源的吸引力在整体旅游资源中占比最高,而这种乡村乡土性是乡村生态、生产、生活空间共同孕育的成果。所以,在规划村落景区的建设时,要重点关注乡村的生态、生产和生活空间,并以此为基础来创造各种具备高乡土性的旅游产品。

乡村旅游资源包含乡村的生态、生产和生活。所以,乡村旅游要针对这一点构建相应的资源体系,要以上述"三生"为标准去考量本地的各种旅游资源,这样就可以有效提升旅游产品的竞争力。

(三)设施资源

设施资源分为景区游客中心、景区休憩设施、公共停车场、景区公厕、景区导视系统。普通的村落往往无法同时拥有这些设施。因此,在分析某一乡村景区的设施资源时,其本地所具备设施的类型和等级是重点。此外,在规划乡村景区前,要掌握本地的设施情况,保证在具体建设过程中各种资源能够物尽其用,且要从特定的景观标准出发来构建评价设施的机制，以便村落景区能够根据设施资源的具体资料开展建设工作。

例如，可以从建筑规模、建筑外形、接待游客服务满意度、智慧旅游设施完善度、服务人员专业程度、景区信息提供等角度出发去考量某一景区的游客服务中心。此外，也可将停车位数量、停车场类型（生态或非生态）、停车场管理制度完善程度作为衡量某一景区的公共停车场的质量标准，将布置合理性、内容合理性、安全警示标识到位率、标识牌制作精细程度作为衡量某一景区的导视系统的水平标准。村落景区深入规划建设的基础是研究并掌握该景区在区位资源、旅游资源、设施资源等方面的呈现状态，只有完成这些操作才可以进一步推动村落景区的建设。

二、乡村振兴背景下村落景区的类型

可以以村落景区建设的区位条件、资源类型为划分基础，将村落景区划分为以下几种类型。（下述内容以杭州市临安区为实例）

（一）景区边缘型村落景区

临安是浙北地区的旅游重地，在旅游景区方面比较丰富、优质、成熟，包括天目山风景名胜区、大明山风景名胜区、湍口温泉旅游区等。景区边缘型村落景区以核心景区的助推为基础，能够为游客提供如农家饭、经济型旅舍、土特产、体验型农业等核心景区不具备的旅游产品，它也可以与核心景区建立优势互补的关系，从而让景区的产品体系更加健全。

（二）城市近郊型村落景区

临安城区、杭州城西等地的很多地方都属于城市近郊型村落景区，这种类型的村落景区具备很强的景观异质性和乡土性。城市近郊型村落景区适合在城市中短途旅行，其在城市整体休憩空间中占据重要位置，也是城市休憩体系中的新鲜元素。这种村落景区可以为游客提供乡村自然生态景观、休闲观光农业、有机果蔬采摘、互动性农业、户外运动等核心景区不具备的旅游产品，但到这种景区游玩的游客，大部分都是周边城区的居民。

(三)民俗文化型村落景区

这种村落景区所提供的旅游产品的构建基础是乡村的风土、风物、风俗与风景，其本身具备鲜明的乡土特色。此外，民俗文化型村落景区的主题包括农耕文化、传统忠孝文化、乡村民俗文化，旅游产品主要是农耕体验、民俗气节、乡村手工学习、节日庆典等旅游活动，能够让游客切身体验乡村文化内涵和乡村独特文明。需要注意的是，这种类型的村落景区因各地村落的不同，而表现出很低的同质化特征。

(四)产业驱动型村落景区

这种类型的村落景区建立在当地原有发展较为成熟，产业化程度较高的现代农业、土特产销售业生产业为产业支撑的基础上，并在某种程度上拓宽了农业观光、农事体验、乡村度假、乡村教育等方面的体现空间。此外，产业驱动型村落景区通过与当地中小学构建"景区—支教"发展模式的方式，增加景区的客流量，并创造出"农业+旅游"的组合产品，这些做法不仅带动了村落景区农副产品加工业的发展，也从旅游活动需求的角度带动了当地的餐饮游宿等产业，对三产融合的发展发挥了明显的积极作用。

第四节 乡村振兴背景下的村落景区规划与发展模式

一、生态维育

要从乡村振兴背景下的村落景区的内涵出发，明确评价体系的侧重点，并将"安保救护"的指标归纳于"治理有效"的范畴中，并以此为基础推进产业发展、生态维育、文化重塑、多方共治、社会更新等五方面的建设。村落景区的规划编制、规划建设都要以乡村振兴战略的基本要求为中心，将产业振兴、环境振兴、文化振兴、政治振兴、社会振兴作为发展目标，制定相应的发展策略，并构建乡村振兴背景下村落景区的发展框架，以此来推动村落景区的具体建设。

制定村落景区的发展策略，需要将改善广大居民的生活环境作为首要任务。

想要打造生态宜居的环境，就要以自然环境宜居、人为环境宜居为目标。其中，从自然环境角度出发，要注重保护维育；从人文环境角度出发，要注重开发建设。因此，要通过景区共建共享、以景区标准提供服务为具体方法，改善村域范围内的人为环境。

（一）构建生态屏障，导控自然风貌

与城市不同，乡村具备独特的自然风貌。村落景区的开发建设要始终秉承保护自然生态的原则，不能过度开发。在乡村生态中，山体和水体是基本元素，同时也是构建乡村生态格局、吸引游客、构成乡村景观等多方面的元素。此外，田园风貌承载着丰富的乡村农业文化，它包括静态田园景观和展示性动态景观。由此可知，构建乡村生态屏障、调控山体和水体的基本风貌并提升相应的生态功能、创造具备浓厚乡土气息的田园景观等做法，能够有效提升乡村生态旅游的总体效益。

1. 山体风貌的导控

作为浙西山区村落中最常见、最基本的自然构成元素，"山"与广大村民的生产和生活之间的联系十分紧密。山本身的沉稳厚重，使其可以被用作村域空间的边界背景，且可以和周边的建筑、田园等其他元素融为一体，让整体生态格局更具地域性、生态性的特征。

规划景区范围之前，先要明确山体保护绿线，以此来保护生态基底，并要划定具体的山体边界，严禁各种对山体造成破坏的行为。第一，要设置山脚生态缓冲带。在山脚地带，很多居民在此生活，很多游客在此休憩，而围绕山体生态格局产生的种种影响往往由山脚扩散至周围地带，所以生态缓冲带是十分重要的；第二，要把控山体开发规模。要从村落景区的实际情况出发，将部分山体的缓坡地带转变为活动区域或休息区域，并加以严格监察；第三，可以考虑以保护生态为前提，对村域范围内的山体开展如彩化、美化等改造工作，并让植物发挥特殊的季相作用，以此来提升山体景观的艺术美感。

2. 水体风貌的导控

与广阔的山体不同，浙西山区的水体在规模上并不大，且主要表现为溪流、农用水库、人工湖等形式。水具有灵动、多变的特征，在乡村生态格局中往往用于串联各种生态基底。

在浙西山区，水和广大居民有着十分紧密的联系，这也从侧面反映出水资源对于村落景区开发的重要性，而对于村落景区的水体生态调控，首要任务是平衡水体的保护和利用。首先，要优化水体空间。村落景区的水体目前主要分为溪流、水田、水库、人工湖等类型，要以水体体制为基础展开建设规划，且要注重不同类型的水体与村民生活、生产以及当地景区之间的关系；其次，要合理规划水系生态驳岸。在水体生态中，水系自然驳岸最具敏感性，所以要严禁各种破坏水体和景区建设的行为，加大水系生态驳岸的整治力度，对其进行合理规划；最后，要发挥各类水体的作用。大部分乡村的水质保持得都比较良好（工业发达的城郊乡村除外），合理开发水资源可以增加当地景区的客流量，而将各类水体的作用发挥出来可以很大程度地推动当地景区建设的发展。

3.田园风貌的导控

在田园综合体概念被提出不久后，循环农业、创意农业、农事体验等概念也应运而生。当前，要以乡村现有田园风貌为基础，通过适当的方法开发建设，从而构建田园中生态、生产和生活之间的良性共存。田园风貌分为静态风貌和动态风貌，前者指的是被用于乡村生产的田园生产用地，后者指的是能够用来观赏、体验的生产过程或结果。想要导控田园风貌，就要维护乡村独有的生活和生产场景，从而进一步巩固村落景区建设的基础。

笔者认为，要根据以下三点来导控田园风貌：第一，要控制田园开发规模，严格把控乡村农保田的保有量。可以考虑将部分与村落景区核心区联系密切的田园用作开发创意农业的土地，切记不可大范围地设置如花海、大棚等同质化程度过高的风景，并阻止其蔓延；第二，从政策角度出发，提高田园风貌多样性。在建设景区时，不能只着眼于传统经济类农作物，而要以景区需要为基础，为广大村民进行创意化耕作，并制定合理的优惠政策，从而提高田园风貌的多样性；第三，要关注时序风貌。在乡村之外的人的印象中，乡村田园风貌就是白天富含乡土味、夜晚富含神秘感。所以，在建设村落景区时，可以适当以夜间照明的方式延长娱乐时间，从而提高景区的整体效益，当然也不能忽略对村落夜景的整体把握。

(二)景村共建共享,改善村域环境

要以"伴山而居、邻水而乐、面田而作"为目标,从村民和广大游客的功能需要出发,通过提升村域布局的合理性的方式来改善村落景区的村域环境,以此来导控村落民居风貌、提升交通功能水平,并在优化基础设施结构的基础上,促进村民生活、生产空间、游客休闲游憩空间三方面之间的共建共享,进而构建和谐的、宜居宜游的村落环境。

1. 优化村域布局

村落村域是广大村民的栖息地,也承载着乡村旅游,同时拥有这两种功能的土地并不少见。所以,要从实际需要出发,统筹规划村域资源,并实施分区化的功能管理,从而最大程度地发挥出村域资源的潜能。

(1)要设定村落发展界限。从优化村落空间布局的角度出发,通过设定村落生产、生活、生态的发展界限,来促进景村一体化的进程。此外,要优化农民生产和生活的整体空间,以此来提升乡村地区在生产力、特色等方面的持久度;要通过规划村落景区旅游项目、游客活动场地的具体规模来延长景区的整体生命力。就实际情况看,在空间角度村落和景区是有重叠的,具体表现为交通、田园生产、部分活动场地等。

(2)要规划村域资源要素的共享方式。部分村落景区由多个村落共同组成,在这种情况下,合理规划村域资源要素的共享就显得格外重要。要在调查并掌握当前村域内资源运用情况的基础上,统筹不同功能的村域分布,从而让整体景区能够做到优势互补、相辅相成、共同发展。

(3)因地制宜地进行布局。在规划景区建设时,需要注意根据不同村域的特征来进行合理布局,也要注重景区和村民生产、生活空间的容错关系,更要提前评价所要实施的旅游项目是否可行。

2. 导控建筑风貌

除了供广大村民居住、生活,村落景区的建筑还可以彰显当地文化、宣传景区的旅游特色。在木点村落景区中,一些建筑与功能的匹配度比较低,笔者认为要从"拆、留、改"三个方向去提高建筑风貌和景区活动的契合度。

(1)拆除违章违建,规划乡村庭院。由于管控力度不强,村民任意搭建违

章违建物，进而侵占公共空间的现象在乡村十分常见，这让村落景区的风貌大打折扣。为解决这一问题，不仅要制定相应的拆除制度，也要规划严格的整治标准，从而达到利用最少量的村落资源彰显出本地风貌的效果。

（2）保留传统建筑，规划空闲农居。乡村不仅是中国传统文化的发源地，也是广大国民乡土情的寄托地，其传统建筑多以宗祠、寺庙、台门为主，保留这些建筑具有很深远的意义。对于那些保存情况较好的，如乡村书屋、乡村展览馆等的传统建筑，可以在为其适当修缮的基础上，以将其作为景区建筑为目标进行合理改建；如牛栏、猪栏等建筑，可以将其改建为生产性建筑或商业性建筑，以此来提高景区整体服务质量。

（3）改造建筑风貌，彰显地域特色。就实际情况看，浙西地区的乡村建筑在色彩、材料、呈现形式等方面都偏向中式风格，如白墙黑瓦马头墙的建筑形式能够将当地文化特色、地方色彩彰显出来，且在整体上对景区主题特色发挥着辅助、补充的作用。但需要注意的是，建筑风貌在改造时不能以俗套为方向，相关设计师要始终秉持振兴乡村的原则，切实解决广大居民的实际需要。

3. 规划交通道路

在村落中，道路既可以联系村落与外部，又可以为村落内部提供交流场地，可以说它是景区的"输血管道"，因此，向景区输送资金、技术和客流，以及发展村落建设都离不开道路的参与。所以，要从宏观、中观、微观三个角度去规划村落的交通道路。

（1）从宏观角度看，交通道路要串联景区内外。要在原有省道、县道的基础上，宏观规划村落的交通体系，并仔细考量各个景区在资源上的差异和联系程度，以此为参照标准来进行道路建设，从而保证行政区内村落景区的通畅联络。此外，要通过对原有乡村道路两侧的景观进行合理改造的方式，改变以往景观风貌不够出众的情况，并以贴合景区特色、强化景区主题、满足游客需要等为目标，在适当的区块设置景观枢纽，进而规划出村落景区的精品游览路线。当然，为实现这一构想，需要在上一级旅游集散中心（省或市）提前安置好村落景区的宣传和交通实况，以便广大游客在游览村落景区前对其保有充分了解。

（2）从中观角度看，要优化村落内部的交通体系。中观交通体系主要由停车场、入村主干道、村内次干道和村内宅间路等部分组成。村内交通首要保证的是游客的人身安全，人车分流模式就是一种很好的选择。第一，要从村落景区的客流量、村域空间布局和村民实际需要出发，设定停车场的规模、类型和选址点，并发挥好村内房前屋后的零散用地的作用；第二，根据实际情况适当拓展村落主干道的宽度，并优化路面，也要为其配置行人慢行道，以此来贯通村落各个方向，促进景区内各旅游景点的联系，也可以通过规划村内宅间巷道的方式来彰显地方特色、提高游客的旅游体验。

（3）从微观角度看，要让景区交通变得更加富有活力。微观交通体系指的是景区内以慢性系统为主的交通体系，笔者认为其主要包括绿道、小道、农道、山道四种类型。慢性系统的服务对象是人，其富有活力的体系自然就以人的需求为构建基础。通过规划上述四类道路，景区景点、田园风貌、水系景观以及山体景观可以建立起更加密切的联系，这种做法也可以提高景区交通的整体活力。

4. 规划服务设施

为改善乡村人居环境、提高乡村居民福祉，并满足旅游景区的基本要求，村落景区的基础设施规划应体现城乡公平性与景区服务性，满足村民生产生活与游客的需要。基础设施规划需结合村落景区的整体布局统筹规划，将基础设施分门别类，如旅游服务设施——游客服务中心、公厕、休憩驿站、标识标牌等；生活服务设施——文化礼堂、邻里中心、老年人活动室、学校、村委会等；生产服务设施——农产品加工合作社、手工作坊、农出风雨亭等。分级配置各类型基础设施。

第一，要针对旅游服务设施的性质和使用人群的特征来评价服务设施。通常情况下，应在村落景区出入口设置游客服务中心，休憩驿站的选址则要考虑公厕的位置，且要根据客流量来规划具体规模，而标识牌的设置要综合分析交通系统和景点布景的情况；第二，要从便捷性角度出发设置生活服务设施，并适当扩大其服务半径；第三，要根据村民生产的实际情况来优化生产服务设施，如根据交通区位和运输成本规划大型集散型服务设施、根据生产用地周边的实际情况和村民的实际需要规划小型服务设施等。如表5-4-1所示，为村落景区基础设施类型与规划布局。

表 5-4-1 村落景区基础设施类型与规划布局

	旅游服务设施		生活服务设施	
类型/布局	游客服务中心	休憩驿站	文化中心	邻里中心
	独立布置在村口或交通便捷、利于接待的场地	布置在慢行道沿线或配套大型景点	布置在村中心，一般结合村祠堂改造利用，有条件的则可新建于位置较好之处	
	公厕	标识标牌	停车位	—
	公厕应结合公建或大型景点布置，公厕形式需要与景点相配套	结合道路与景点，为游客出行服务	停车位布置结合居民生活需要，考虑服务半径与区块车辆预计数量，多采用生态型停车位	—

5. 夯实市政工程设施

"安全饮用水到户率""污水管道完善""乡村垃圾分类无害处理率"以及"乡村旱厕改造率"都属于"生态宜居"的要求内容，想要达到这些要求，就要提高对生活空间的基础设施建设的关注程度，并且要优化生活基础质量，这样可以提高村落景区的整体美感。

（1）规划给水工程。在社会主义新农村建设之初，各个乡村就开始普及"自来水到户"的观念，但在具体过程中仍然存在一定的不足。就实际情况而言，各个乡村的农家乐不断涌现，这就导致原有的给水量已经愈发难以解决村民们的需要。笔者认为，要按照以下内容来规划村落景区的给水工程：第一，将给水管网和周围的自来水网连接，以保证供水量充足；第二，通过分类加和法来计算村落内全部村民、日均游客以及公建、市政、消防、绿化的总用水量，并制定相应的标准；第三，为保证给水量充足，给水设施用房要弱化于村落中的功能性建筑，并加强其与清水池、取水泵房、消毒间等设施的协调性；第四，要通过环状、树枝状相结合的方式来合理规划供水管网在主干道的铺设状态，其中干管管径推荐 DN100—DN150，支管管径推荐 DN50—DN100。

（2）规划污水工程。在浙江省，由于"五水共治"的大力推行，各个乡村都不同程度地建立起污水整治的体系。乡村污水整治应以处理生活污水和自然水体为工作中心，而与生活污水不同的是，因乡村旅游导致的餐饮、农业、农产品加工等方面的污水需要通过特定的污水工程进行处理。在规划污水处理工程时，一方面，要通过优化现有污水设施、增设隔油池的方法处理餐饮服务业、农家乐等产生的油污；另一方面，要通过让社会企业主动优化污水处理设施的方式来处理产业污水，以此来减少景区村落处理污水的任务量。此外，要升级污水处理技术、严控污水处理和排放工作，进而优化乡村水体的整体生态。

（3）优化景区环卫设施。要解决村落景区人文环境的宜居问题，环卫设施是很好的入手点。第一，要构建垃圾分类处理体系，贯彻"中心（垃圾回收站）—分点（村内垃圾收集点）—串线（专人沿线处理）"的操作模式；第二，优化智能回收垃圾的服务水平，可以考虑制定奖惩措施，提高村民进行垃圾分类的积极性，这种做法也可以发挥一定的宣传作用；第三，优化村内主要景点的垃圾回收质量，加大乡村垃圾分类的宣传力度，从而进一步改善乡村的整体风貌。

二、文化重塑

乡村承载着我国的传统文化，而乡村振兴战略的重要措施是重塑、建设乡村文化。由于自然环境、生产方式的不同，各个村落都具有独特的村落文化。然而，随着我国乡村旅游的不断发展以及城镇化脚步的加快，广大乡村的物质空间建设得以被重视，但精神文明建设和文化传承出现了不同程度的同质化或断裂化现象，而重塑文化的传承、让乡土风情再现，是乡村振兴背景下村落景区的必要举措。

（一）传承历史文脉，强化地域认同感

费孝通先生曾将中国概括为"乡土"，这从侧面反映出乡村是中国社会的发源地，乡村的历史比城市更久远。但从近代开始，我国城乡关系的平衡不断被破坏，现代化的进程不断加快，使乡村文化因此而断裂分割，十分明显的表现是各地方言的消失，各地消失的传统习俗和地域风俗更是数不胜数。由此看来，对于乡村文脉的保护和传承来说，重塑乡村文化、保护物质文化是关键之举。

乡村文化分为物质文化和非物质文化，前者包括古建、古桥、古树、古井、

建筑遗址等看得见、摸得着、具有实质性的文化，后者包括民俗、技艺、制度等。不同地区的村落都有独特的文化标志符号，如徽派建筑的马头墙、江南水乡的白墙黑瓦、湘西建筑中的吊桥楼等。所以，乡村要在内部挖掘，创造出独具本地特色的文化标志符号，并从现存的古建遗迹中寻求古建文化，进而打造遗址景观并加以保护。

（二）重塑文化空间，增强场所记忆

在自然因素、传统文化、民俗、风水、宗族观念等多种因素的影响下，中国传统村落的空间布局呈现出十分典型的空间态势。而由于宗族观、血缘观等观念的根深蒂固，在文化凝聚力上，传统乡村要远超城市。从宏观角度看，中国的大多数传统村落都是以宗祠发源、支祠与家祠环绕布局而形成的，这也从侧面反映出传统村落的文化传承的特征。

想要重塑村落景区的文化空间，除了要借鉴传统空间布局的长处，还要挖掘传统村落的空间形态和文化脉络，从而防止村落景区的文化特征在发展过程中消失，因为没有文化特征的村落景区是毫无吸引力可言的。此外，对于村落景区的文化空间的重塑，借鉴传统村落发展模式、把文化空间划分为核心空间和节点空间以及廊道空间都是十分有效的途径。而对于民俗文化型村落景区来说，文化空间的构建以及文化体验游览路线的规划都是至关重要的。文化核心可以让广大村民寄托精神，也可以成为拥有深厚底蕴的村落文化的载体，还可以让村民以它为公共建筑、场所来开展村民文化活动；文化节点可以让村民的日常需要得到满足，也可以从细节出发将村落文化形象表现出来，此外，它有很多表现形式，如具备多功能属性的风水林空间、承载民俗的建筑、彰显地方特色的精品民宿等；文化廊道包括村落街巷空间、交通道路、村落内部水系等，其具备丰富的表现形态，是联结文化核心和文化节点的枢纽。

对于民俗文化型村落景区的建设而言，文化空间的重塑至关重要。在具体的重塑过程中，要在把握景区核心文化的基础上，从各个节点、廊道出发，优化文化空间格局，从而让广大游客切实感受到独特的文化传承感，并进一步推动村落景区的可持续发展。

三、产业发展

在乡村振兴战略中,乡村是以产业为基础进行发展的。要通过在宏观角度统筹村域产业布局、使其互补互助的方法来解决乡村产业在发展方面又分散、又不深入的问题,从而构建良好的产业环境。首先,要提高对乡村旅游业的重视程度,并加深对各个乡村的特色旅游资源的研究程度,以此来帮助村落景区明确发展主题;其次,要以各个村落现状为发展乡村旅游的举措,并细心打造侧重旅游的一二产业业态,加大一二三产业之间的融合力度,从而提高乡村产业的整体活力,推动产业生态体系的良性运转。

(一)以游为主,打造旅游品牌

当下,乡村旅游不仅表现出散而不精的状态,没有在宏观层面全域化,更没有取得令人满意的进展,而且还饱受产品同质化的困扰。在乡村振兴的背景下,应该始终坚持强化乡村旅游,并为其制定旅游主题;此外,要宏观分析整个行政区内的所有村落景区,降低同质化出现的概率,并在各个乡村景区中规划不同的旅游路线,以此来增加景区的客流量,推动区域乡村振兴的进程。村落景区要以村域范围内具备乡土特性和资源异质性的资源为打造特色项目、设定旅游主题的基础,进而从该主题出发深入挖掘乡村文化、打造村落特色 IP 经济。

虽然不同地理区位、自然环境、人文环境的地区具备不同的特色资源,但这些资源都具备乡土性,这种特性在经济不断发展的当今社会是十分罕见、十分珍贵的。其中,特色资源包括乡村内部能够直接影响特色旅游项目的规划与建设的所有资源,主要分为特色自然资源、文化资源与产业资源。

特色项目指的是以特色资源为中心,在景区进行深入挖掘开发的活动。同一村落景区可以开发多个特色项目,关键在于项目要具备足够吸引力。特色项目具备很强的异质性,不同项目之间可以进行优势互补。

综上所述,要围绕特色项目,打造特色品牌,因为一个产品的品牌代表着它的名称、符号、标记、声誉。旅游地想要提升知名度,通过旅游产品的品牌打造口碑、吸引游客是有效途径,如灵山胜境代表着佛文化旅游、迪士尼代表着儿童、家庭等。然而,我国乡村旅游的品牌意识十分欠缺,村落景区在发展过程中要善于抓住爆点、挖掘特色项目,并使其持续发展。

（二）联动发展，构建产业体系

促进乡村三产的融合，能够有效提升农民收入水平、有效优化乡村振兴背景下的现代农业产业体系。例如，日本的"六次产业化"、法国的乡村旅游，分别在不同程度上促进了其乡村的三产融合。我国的村落景区在发展过程中，要将旅游业作为核心、将现代农业作为基础、将乡村文化创新业作为延伸，并让三者有机结合，优化乡村旅游产业的生态体系，进而加快区域内一二三产结构的转型步伐。

村落景区产业体系以旅游业中的"行、游、住、食、购、娱"为核心，并从这些元素的角度向一产、二产、三产的方向开发拓展，从而增强乡村产业的凝聚力，改善乡村特色产业体系，让村落景区在竞争层面更具活力，并能够极大推动乡村产业的振兴。此外，要以相关产业的定位为基础，从当下村域资源的分布情况、村域建设空间、相关产业所需建设因素等几个方面出发，科学合理地规划配套产业，最终提升区域内产业的经济水平。

四、多方治理

乡村传统的治理方式是以乡村中亲缘和地缘关系发展而来的，随着城市化进程的不断推进和乡村旅游的日益发展，乡村中的亲缘关系、地缘关系都出现不同程度的分割，使得乡村的治理模式无法解决当地的社会性问题。

针对在乡村振兴背景下，乡村建设过程中出现的建设主体单一、村民关系淡化、社会资本无法发力、村落景区依托村落等现状，村落景区在建设过程中要以多方治理理论为管理思想，这种理论本质上是一种政府、市场、社会共同参与的"多方共治模式"。对此，村落景区要从自身实际出发，用"第三方机构"取缔"社会"。第三方机构要针对各个村落景区的实际情况对其加以调控，并通过明确原有村集体职责、保障广大村民权益的方法促进村落景区的长久运营和可持续发展。

此外，村落景区的职责还包括维护村落的日常运营、重视景区的安保救护。实施"安保救护"，要明确广大游客是救护主体，并且要让广大村民了解到自己可以在日常生活中运用救护设施，从而让广大村民参与到景区的安保救护建设中。

对于村落景区而言，多方共治能够为其带来以政府促进、三位一体工作组参与协调、第三方专业组织和村集体共同参与的治理模式，能够很大程度地推动村落景区建设和景区发展。三位一体的工作组分为区级指导组、规划设计组和镇街工作组，其能够提高各方沟通交流的顺畅度。在这种模式下，无论通过直接手段还是间接手段，村民都可以参与到景区设计的规划中，这样一来，景区会更加贴合村民的生活。此外，第三方专业组织能够及时地将运营问题反馈给其他部门，使得政府各个部门发挥出相应的职能，并在工作者的协调下，改善村落景区的治理和经营。

（一）乡村基层自治，优化组织合作形式

村落景区包含村落、乡村振兴战略两种主体，前者是原始基础，包括资源、制度以及人口；后者指人民。所以，乡村振兴战略下的村落景区规划，要始终突显村民的主体地位，不仅要鼓励全体村民加入村落景区的规划设计和建设施工的整体过程并发表相应的看法建议，也要发挥村集体的作用，改变以往大部分村集体不作为的状态，促进村民与其他主体之间的沟通。

1. 全民参与建设

在规划乡村振兴战略背景下的村落景观的发展时，要提高广大村民投入村落规划的积极性，尤其是让他们亲自参与如建筑风貌、公共空间等涉及他们生产和生活的各个方面的规划。另外，要在掌握村民发展想法的前提下，规划与村民增收息息相关的产业，这样才不会让完成的具体建设被忽略。需要强调的是，村民是村落景区建设的主角，所以在规划村落景区的建设时，要以建设服务业、零售业的方式提高农民收入水平，以此来提高村民投入村落景区管理的积极性，从而构建良好的村落环境。

2. 优化村集体职能

村落原有村两委主要负责传递上级政府通知，并按照上级要求组织村民开展特定工作，该集体不能发挥出整合村民利益的作用，乡村公共事业也因此而迟迟不前。所以，为了促进村民与上级政府、第三方组织之间的联系，村两委要发挥工作职能，并改善村集体组织体系。

党的十九大报告明确指出，要健全自治、法治、德治相结合的乡村治理体系。村集体属于基层自治组织，要紧跟时代发展，并不断优化自身职能水平，从而推动乡村振兴中的治理振兴建设。第一，村两委要贯彻落实村落景区的发展原则，

并通过制定村规村约的方法提高整体自治质量，还要重点维护村落核心资源，推动村落景区的可持续发展；第二，上级政府要大力宣传法治理念，加大法治普及度，因为法治可以解决村落景区建设中出现的很多问题，保证村落建设的正常运行；第三，要通过构建德贤组织的方式，提高德治水平。村两委无法应对景区内层出不穷的复杂事物，而以乡贤、返乡创业人士为代表的新型乡村组织可以为村两委分担压力，从而让广大村民更加方便地与第三方组织进行沟通。

（二）第三方管理，提高运营运转效率

村落景区的另一主体为景区，单纯依靠乡村自治尚不能保证村落景区的合理运营。秉承"专业的人做专门的事"这一理念，也为了解决村民素质参差不齐，专业知识较为欠缺的问题，乡村振兴导向下的村落景区运营管理强调专业组织的介入以及上级政府、规划单位、镇街部门的协调作用。

第六章 乡村旅游的可持续发展和国内外发展实例

乡村旅游发展建设不仅要关注当下,还要放眼未来。本章主要介绍乡村旅游的可持续发展的内容概述、乡村旅游的可持续发展的发展前景、国内乡村旅游的发展实例、国外乡村旅游的发展实例。

第一节 乡村旅游的可持续发展的内容概述

一、乡村旅游可持续发展的条件

(一)乡村性是乡村旅游可持续发展的前提条件

从供给的角度来说,建设社会主义新农村,给乡村旅游的发展提供了重要机遇。农村对现代化生活的追求,是乡村旅游发展的最主要动力。一直以来,城乡差距是我国社会面临的主要矛盾之一,国家统计局专家姚景源指出,我国城乡收入差距已经达到6倍左右,而且这里说明的仅仅是城乡在名义上的差别,实际上差别要更多、更大。从基础设施、医疗卫生、文化教育、社会保障等方面来说,城市和乡村存在着巨大的差距,城市无疑有着更加优渥的条件和资源,这使得广大农民对城市生活充满向往,他们基于摆脱当前生活的困境,表现出强烈的现代化诉求。与此同时,乡村旅游的本质特征是"农游合一",广大农民"亦农亦旅",也就是说农民们不用离开故乡,就可以将生活性资产和生产性资产转化为经营性资产[①]。乡村旅游有着投资小、风险小且经营灵活的特点,更主要的是,开展乡村旅游并不会耽误农时,具有明显的本土性,非常适合农民经营,这是广大农民脱

---

① 王宏星,崔凤军.我国乡村旅游产品体系及其影响研究[J].西藏大学学报(社会科学版),2005(1):81-86,90.

贫致富的重要途径。

乡村民俗、乡村生态、乡村生活对外界有着强烈的吸引力，特别是对于一直生活在城市中的人来说，乡村充满了神秘性，因此，这些内容成为乡村旅游活动的主要对象，使得旅游活动更加多元化，让旅游者得到了更丰富的体验。旅游者之所以选择在乡村旅游，其动机一般是：渴望回归自然，亲密接触自然；了解农村相关的文化；出于怀旧的需要等。无论是从供给的角度来说，还是从需求的角度来说，乡村性的内容都是乡村旅游的核心要素。

界定乡村旅游的最重要标志就是"乡村性"。那些乡村资源，并不都具备独特的"乡村性"特点，例如，在一些经济比较发达的乡村，其中的乡村建筑已经具有了城市化特点，原本的传统建筑景观可能已经消失。城市化景观已经被大多数人所熟悉，并不具备太大的吸引力，所以，具有足够吸引力，能够成为旅游开发资源的景观必须具有较强的"乡村性"特征。正因如此，乡村旅游资源的景观构成是具有明显指向性的，而不能仅仅从某种空间范围内的景观形态来确定。

从景观内容这方面来看，乡村旅游是否具有核心吸引力，主要在于景观的"乡村性"特征。乡村的旅游资源有很多，包括乡村自然生态景观、乡村聚落景观、民俗文化景观、农耕文化景观等。从活动内容这方面来说，乡村旅游活动是比较丰富的，包括乡村观光、乡村休闲度假、乡村民俗节庆体验等。此外，对乡村地区开展的高科技农园区进行观光，或者在城市型度假村旅游，这类活动都包括在乡村旅游的范围内。所以，我们可以理解，为什么农村翻地耕种的景象得到人们的欣赏，而城市施工现场则被人们所厌烦：前者，人们感觉自己跟大自然更加亲近，感受到大自然赠予人类的果实；而后者，人们仿佛看见美好的自然景象被逐渐破坏，最终消逝。总而言之，在人们心中深藏的乡土情结，是乡村旅游魅力的核心支撑。

要想实现乡村旅游的可持续发展，首先要让乡村旅游保持其"乡村性"。但是，在乡村旅游发展的过程中，其乡村性受到了比较严重的破坏。比如，乡村景观趋向城市化、乡村民俗趋向商品化、乡村旅游产品较为劣质等。如果乡村旅游丧失了其乡村性，那么就说明，乡村的独特生态环境和民俗文化也将逐渐消失，这会导致乡村旅游不再具有吸引力，乡村旅游的可持续发展自然难以实现。所以，保持乡村性，是乡村旅游可持续发展的重要条件。

(二)乡村旅游开发应遵循科学的文化观和经济观

近些年来,随着国家之间的交往日益密切,越来越多的西方国家游客来我国旅游,他们有着各种各样的目的,但最主要的就是对中国悠久的游牧文明、农耕文明以及相关的名胜古迹怀有强烈的好奇心。在他们看来,最富有魅力的旅游产品就是古朴的田园之美,这使得他们返璞归真的愿望得到满足。

1979 年,UGB(城市扩张界限)法案在俄勒冈的波特兰通过,以保护当地的农场和森林免于城市扩张的蚕食。这个法案是 1973 年颁布的一系列法案的一部分,其重点是保护农业和经济活力。当然,官方更多地关注市区的扩张所带来的经济效益和环境保护成本,而非自然风光和自然特性的改变。但是,乡村景色被看成是一份公共财富——尤其受到市民的喜欢。同时,出现了这样一种共识,乡村的存在事实上起到了一种保护和平衡环境的作用。一份密歇根州的关于"喜欢看到的东西"的问卷调查表明,人们喜欢看到的是农田、森林、木屋、大家庭的生活,并几乎都忽视了家用设备。同时,在乡村旅游的发展中,除了经济方面的收益,我们更应该强调乡民从中获得的文化受益。多年来,由于观念信息和教育文化的障碍,广大农民过着自给自足的小农经济生活,习惯了日出而作日落而息的生活,他们年年岁岁围绕着家里的几亩土地转,他们的思维已经形成定势,被田埂地埂牢牢地束缚住。关于发展问题他们想得少,甚至不敢想,跳出农村看发展的人更少。在互联网时代,信息交流更加便捷,但是在农村,网络并不发达,农民对外界的信息知之甚少,他们不愿意走出农村,同时也不敢投身于外界如火如荼的经济社会发展建设中。所以,必须要实现乡村文化的自主发展及和谐发展,才能实现经济的自主和健康发展,进而才能保证乡村旅游的可持续发展。

二、乡村旅游可持续发展的目标

近些年来,我国乡村旅游得到了大力发展,并且取得了不错的成绩。各地区的旅游部门、农业主管部门对乡村旅游的发展十分重视,投入了很多精力。如今,旅游部门已经深刻认识到,乡村旅游已经成为旅游业服务"三农"的重要举措,成为"以旅促农,以城带乡"的重要途径之一;农业部门则认识到,选择有一定条件的地区开发乡村旅游,发展观光农业,能够创造出一条农村发展的新路径,从而在解决"三农"问题方面发挥重要的作用。而发展乡村旅游，必须要走可持续发展之路，只有这样，才能真正落实科学发展观，才能真正实现建设社会主义新农村的时代理想。

可持续发展的乡村旅游，应该是一种生态合理、经济可行、社会适宜的旅游活动，并且有着高效低耗、无公害的特征。因此，我们必须转变传统的发展观念，避免短期行为，只有这样，才有望实现乡村旅游建设的可持续发展。对乡村旅游来说，其可持续发展是有一定尺度要求的，在时间上，不仅要满足当代旅游开发的需要，同时，又不能对后代人满足自身旅游需要的能力造成威胁或破坏；在空间上，要提高旅游者和当地居民的旅游质量，尽可能地维护乡村旅游发展的持续性，并与周边区域和谐共处，实现资源共享；在开发广度上，要注意乡村"独特性"与旅游开发之间的协调，注意协调保护环境和旅游开发之间存在的各种矛盾，更要重视乡村资源、经济、文化、社会、环境的协调发展。所以，乡村旅游可持续发展的目标可以归结为生态平衡、文化平衡、经济平衡相对公平的四个方面：

（一）生态平衡

旅游开发对旅游资源的破坏与保护是最需要关注的问题。在乡村旅游开发的过程中，要特别关注旅游资源本身的特色、旅游容量、旅游资源的可持续利用等问题。同时，由于缺乏相关的教育和宣传，我国乡村居民普遍缺乏生态保护意识，游客的生态环境意识也不强，有些地域的居民，为了获取短期的利益，随意开山采石、伐树卖树，有的还捕猎珍稀动植物进行售卖；而一些游客，在旅游的过程中，只关注个人体验，忽视了生态环境保护，一些游客的行为给当地生态环境造成了一定程度的破坏。因此，乡村自然生态要想实现可持续发展，就必须要向乡村居民和广大游客加强宣传教育，这样，在旅游开发以及开展旅游活动的过程中，才能保证自然生态的平衡，才能基本控制生态破坏问题。

（二）文化平衡

随着乡村旅游产业化的逐步发展，乡村地区和外界的经济、文化交往趋向常态化，在这样的背景下，现代文明和外来文化开始逐渐向乡村地区渗透，影响了乡村生产、生活的方方面面。而在全球化浪潮下，乡村的传统文化遗产也遭受着重大的挑战，在现代文明越来越发达的今天，很多乡村文化遗产日渐衰落，甚至面临消亡的危机。随着科技的发展，现代工业文明得到飞跃进步，在此形势下，传统农耕时代的生产方式和文化形态遭到破坏，这导致少数民族传统文化的生态空间越来越小，生产和使用群体也不断减少，严重抑制了民族文化的传承和发展。比如，侗族大歌是农民们劳务一天之后所进行的休闲活动，其主要传承方式是口传心授、集体演出，一直以来，侗族大歌都有着十分顽强的生命力。但是，如果在现代文明和外来文化的冲击下，导致侗族地区失去文化认同感的传人，没有了唱歌互动的民风，那么侗族大歌就面临着消亡的危机。现在，很多侗族青年对自己民族的传统音乐意境不再感兴趣，没有学习和传承侗族大歌的热情，这导致侗族大歌的传承和发展面临严重危机。

乡村传统文化还有可能产生仆从现象，传统文化个性将被削弱，文化功能将被降低。如在恭城瑶族自治县开展"农家乐"旅游的某村，有外来人员租用该村村民的房子进行非法色情活动。有的竟然还是房东专门从外地"请"来的，一方面，是由于村民偿还"贷款"的压力大，希望用额外的"服务"吸引游客；另一方面，是由于部分游客自身素质不高。但是，绝大部分村民屈从于经济利益是不争的事实，扰乱了当地原本淳朴的乡风民俗也是非常令人惋惜又值得深思的。

乡村旅游发展使乡村传统文化正面临着文化价值被商业价值所取代和过度商品化的危险。现代商业形式包装的乡村文化产品、民俗风情娱乐化、宗教艺术舞台化等虽然能短期内刺激游客，获得巨大经济效益，但践踏了传统文化原有的真实性和文化内涵，扭曲了传统文化，使其简单化、俗套化和功利化，使民族传统文化变成了一种纯粹的商业牟利行为，不利于乡村旅游业的可持续发展。由于旅游者的素质参差不齐，他们在旅游过程中经常处于猎奇、求乐的心态，往往偏好于感性、刺激、轻松、娱乐的目的看待旅游目的地文化，这种倾向极易使民族传统文化庸俗化，主要表现为传统文化旅游项目的雷同开发、优劣不分、伪造民俗等现象。某些旅游缺乏有甄别的产品开发，误将乡村文化的糟粕与精华一同开发，丑化、歪曲、篡改乡村传统文化，这既不能展示乡村传统文化的特质，又致使乡村传统文化原有内涵和存在价值扭曲或消失，也贬低了民族传统文化在当地居民心中的地位和价值。

（三）经济平衡

乡村旅游开发符合了旅游者的精神审美观念与对文化品质的要求，具有较强的文化价值、经济价值和社会价值。乡村文化具有独特的地域和民族特色，极具开发的潜力文化资源，应与乡村地区的景观和其他物质文化一起共同开发，给消费者提供高质量、高品位的文化大餐。乡村文化的理想开发与保护路径是让文化融入经济活动的脉络中，助推民族地区的经济发展，让经济行为反映或折射出文化的影响，并为文化的传承铺路。

在一些地方，村民和旅游开发商之间存在较大的利益冲突，导致二者关系恶化。在一些古村落，有居民对旅游业发展持反对态度，甚至强烈阻挠，这给古村落旅游的发展造成了严重的影响。还有一些旅行社，凭借着客源垄断地位和市场化运作的经验，在利益分配中起到了决定性的作用，并因此获得了超高的利润。而这必会导致乡村居民的利益受损，这些利益受损的乡村旅游地、农家旅馆等经营主体，为了弥补损失或者表示抗议，便会采取拒团、宰客、降低服务标准等措施，这样一来，乡村居民的经济损失就被转移到游客身上，那么乡村旅游项目的信誉就会被严重破坏，这对乡村旅游的可持续发展是十分不利的。所以，要想保证乡村旅游经济的健康、持续发展，最重要的一点就是实现各利益相关者之间的均衡。因此，在乡村文化的保护与开发过程中，首先要尊重文化的多样性，保证文化的内在价值能够得到较好的保护和传承，在此前提下，将乡村文化保护与市场开发进行有机结合，找到文化传承和商业发展的平衡点，并以科学发展为原则，设计出多种多样的精神文化产品，注重文化品牌的塑造，努力形成文化遗产的产业化经营和规模效应，让民族的价值观、思想观和人生观得到世界人民的理解和尊重，使民族精神得到延续，民族文化得到传播和认同，实现文化传承的与时俱进，进而使民族传统文化走向世界。

（四）兼顾公平

旅游开发应该是一个能够持续发挥效益的过程，乡村旅游开发要注重观念的转变，要让乡民深度参与其中，转换主客体观念，让乡村居民在乡村文化保护与传承中真正占据主体地位。乡村文化的旅游开发之所以会受到阻碍和破坏，主要原因之一就是当地居民没有自主权。所以，在乡村旅游开发过程中，要保护乡村文化的原真性，立足长远发展，保证乡村旅游目的地的长久魅力，从而实现乡村旅游资源的可持续利用。乡村文化是在乡村这片土壤中萌芽和发展的，如果失去乡村土壤，那么乡村文化的展示就会失去原生文化空间的生存根据，不会有长远的发展。一方面，乡村旅游发展在涉及利益分配问题时，要结合实际情况，建立科学合理的受益分配制度，首先必须保证当地居民的应得利益，使其从旅游发展中直接获利，并且使其后代能够继续享受旅游开发带来的成果，只有这样，乡村居民才能认识到乡村文化保护和传承的重要性，才能自觉参与其中，从而有效提升乡村文化的生命力和创造力。另一方面，对于乡村文化教育要予以一定的重视，要提高当地居民的文化素养，培养其鉴别能力，毕竟当地居民是乡村文化发展的主动力，提升其素质，对乡村文化传承发展具有重要的意义。所以，从社会阶层的公平角度来说，乡民同样应该成为乡村旅游客源市场主体的一部分，这是乡村旅游发展的重要目标之一。

三、振兴乡村旅游可持续发展的手段

（一）发展乡村教育，提高乡民的文化素养和审美鉴别能力

在乡村旅游发展的过程中，不可避免的是，强势文化会对弱势文化造成一定的冲击。在旅游开发过程中所出现的"新殖民主义"现象、主客双方不对等现象、"飞地"现象等，其根本原因都是乡村的文化教育比较落后造成的。所以，要想避免以上问题，就要重视乡村教育的发展，要努力提升当地居民的文化素养和鉴别能力。旅游客源地和旅游目的地之间的主客双方的交往存在非均衡关系，所以，乡村文化遭到各种破坏，这也是乡村文化教育落后所导致的。乡村教育的重要性不容忽视，应通过大力发展教育，培养原居民的民主观念和主人翁意识，激发居民保护乡村文化的自觉性，提升其保护和开发乡村的自我传承能力，从而实现乡村旅游的人本化，促进乡村旅游可持续发展。

（二）发展乡村经济，构建农业循环经济产业链

乡村发展旅游业的主要目的就是带领乡村居民共同富裕，或者通过旅游拉动内需，以及借助旅游推动相关产业的发展，所以，一直以来，乡村旅游被看作是乡村经济、文化发展及城乡一体化发展的最有效举措。而乡村旅游的发展必须要有乡村支柱产业经济的健康发展作为强大后盾。乡村的支柱产业包括农、林、牧和农副产品加工工业。要想推动乡村经济的健康发展，就要建立起科学的以粮食

及其他农副产品加工企业为依托的农业循环经济产业链；以畜牧、水产生产加工企业为依托的畜牧、水产加工循环经济链条；以林业及其加工业为依托的林业循环经济链条。

（三）发展乡村旅游，构建理想的旅游环境

乡村旅游的最终目的就是建设发达的田园化乡村，建立理想的人居环境，以及和谐的旅游环境。这样的旅游环境不仅要面向城市居民，也要面向乡村居民，让乡村居民在发展乡村旅游的过程中，不仅得到经济方面的收益，还能在现代旅游中得到精神上的满足。在建设人居环境和旅游环境的过程中，要结合实际情况，设计科学的旅游规划，重点开发核心资源，并且要关注不同需求层次，并进行分别开发。同时，还要加强对旅游者的宣传和教育，使其能够端正心态，树立科学的旅游观念，在旅游过程中能够注意个人行为，保护旅游环境。并且，还要加强乡村旅游伦理教育，树立基于生态链的遵循"3R"（reduce 减量化、reuse 再利用、recycle 再循环）原则的旅游生产发展观，培养人们文明化、无害化绿色旅游消费观。对于"旅游示范效应"所带来的各种文化冲击，作为乡村基层组织和人民，必须要保持清醒的头脑，要提高警惕，要致力于提高乡村文化的整体抵抗力。要在保持乡村特色的基础上，积极学习外来文化的精华，以更好地保护和传承乡村文化，并逐步构建以人为本、尊重乡土文化、包容文化差异的旅游环境，保证乡村旅游稳定、健康、可持续发展。

第二节 乡村旅游的可持续发展的发展前景

乡村旅游是随着经济的发展和社会的进步而逐步兴起的一种全新的旅游模式，这种旅游模式一方面可以拉近城市和乡村之间的距离，使城市中的人走进乡村，感受美丽的自然风光，放松精神，陶冶情操，达到休闲放松的旅游目的；另一方面可以对乡村资源进行有效开发，改善乡村环境，提高村民经济收入。但是，随着乡村旅游的不断向前发展，各种问题逐渐凸显出来，如乡村生态环境的污染和过度开发、景区缺乏特色、模式单一等。面对这种状况，乡村旅游应该进行积极调整和模式转换，不断向前发展，以适应人们的旅游需求。

从总体上来看，乡村旅游的发展趋势主要是发展特色旅游，提升景区的独特性和辨识度；规范乡村景区管理，实现管理的规范化和正规化；扩大乡村旅游景点规模，提升景点品质；树立景区的品牌意识，彰显自身色彩。针对乡村旅游的这些发展趋势，在进行乡村景区开发时，应该不断改进景区质量，增强景区的创新意识，寻找适合乡村的开发点，提升乡村旅游的吸引力。乡村旅游的未来发展趋势从整体上来看，主要有以下几个重要方向。

一、立足乡土，发掘乡愁文化

在很多人看来，故乡是充满美好回忆的地方，而"故乡"与"乡愁"的结合，则构成了中国人普遍的心理图示。随着时代的发展，人们对故乡的回忆就更加强烈，特别是对于"70后"、"80后"的人们来说，乡愁不仅仅是对家乡或者童年的怀念，更是他们对青春的总结和美好的回忆。因此，在设计乡村旅游景点时，要从乡村风情出发，努力发掘景点所蕴含的乡土气息，营造一种乡土韵味。在开发和改造乡村景点时，也要提出乡村独特的乡土风情，要暴露那些具有较高辨识度的符号性景点。并且，要考虑人们的心理，抓住那些能够激起人们乡愁、引起人们共鸣的元素，并大力开发和改造。"乡愁"能唤起人们心中的家乡情怀，使人陷入过去的生活回忆之中。并且能让人对乡村独特的文化产生更深的认识。所以，乡村旅游在乡愁文化建设上才是重点。以乡愁文化为主题来建设文化旅游，一方面，能够有效提升乡村旅游的吸引力和竞争力；另一方面，有助于弘扬中国传统的乡村文化。不同的地区应该寻找并发掘具有自己特色的乡愁文化，比如，独特的生活方式、特殊的历史事件、特色的建筑等。各地在开发乡愁文化的同时，要避免跟其他地区相似和相同，当然这一点就需要政府旅游开发部门多多关注了。

二、加强政府保障监管，推进品牌化发展

目前来看，我国大部分的乡村旅游都是自发性的，并没有统一的规划和行业管理，这导致很多乡村旅游建设陷入低水平发展以及恶性竞争的困境。针对这种情况，政府要对乡村旅游发展予以高度的重视，要统一进行规划和指引，并提供一定的支持。在激励政策上，要加强财政支持，可以采取资金补贴或者税收减免等策略，使乡村旅游发展获得一定的资金保障，并为乡村旅游发展开拓多种融资

渠道，助力完善乡村旅游基础设施建设；在行业约束方面，要结合实际情况，建立相关法律，对乡村旅游要进行严格的质量监控，并积极建立健全相关标准体系，以保证中国乡村田园景区建设的规范化和标准化。而且，在乡村旅游建设开发的过程中，会有一些不良商家进行恶性竞争，政府要对这样的现象严厉打击，这样才能促使乡村旅游实现健康发展。另外，在乡村旅游发展过程中，人才的作用也是十分重要的，所以，政府要对相关从业人员进行指导和培训，提升其工作能力。更重要的是，政府要采取有效措施，引导人们加强保护生态自然环境，树立健康发展和可持续发展的理念。

三、捕捉乡土旅游的灵魂和本质

乡村旅游除了包含着丰富多彩的自然和人文景观，更蕴含着深厚的民俗文化。在多数乡村中，保存着很多历史遗迹及独具特色的民间风俗，这种历史遗迹和民间风俗，是中华民族悠久历史的缩影，是中国民俗的精华。在进行乡村旅游的开发和设计时，要对历史遗迹和民间风俗进行充分挖掘和探析，这对增添景区特色、提升景区品质有着不可估量的作用和价值。就乡村历史遗迹而言，它们是乡村历史的见证者，凝聚着深厚的精神和文化内涵，因此，对这种精神和文化内涵的开发利用，不仅可以丰富景区的意蕴，还可以加深村民对本村文化的理解和认识，激发人们的遗迹保护意识。

在乡村中，很多有价值的历史遗迹由于本身建筑的破败或者其他方面原因，很少受到人们的重视和保护，而对这些遗迹进行开发和利用，对历史及本身来说，在使其得到必要的保护的同时，还可以促使人们了解它们的历史，挖掘它们的内涵，使它们获得新生。而乡村中古老而神秘的民间习俗，不仅可以提升景区本身的神秘感、历史感，吸引游客前来一探究竟，还由于有些民俗本身具有很强的观赏性和参与性，使游客在游玩过程中身临其境地感受民俗的魅力，并在获得乐趣的同时，激发起游客保护民俗的意识和责任感。

在这里，乡村文化作为一种体验性的资源，让游客进行付费消费，就排除了资本的主导作用，使文化作为主导，也就实现了乡村旅游基于情感性的特性，保持了乡村旅游的独特性和异质化。

四、整合乡村旅游资源

由于受到经济发展的限制和历史因素的制约，我国乡村旅游在发展过程中存在诸多问题。例如，开发模式较为粗放，对景区的开发和设计不够细致，缺乏新兴产业，发展观念落后，开发程度不一，对乡村自然景观和原始风貌的破坏较为严重等。这些都不利于乡村旅游的健康持续发展。针对这种发展状况，乡村旅游在未来的发展中应该注意从整体和大局出发，在景区的开发设计过程中应有整体意识，注意景区设计的整体性和统一性，对分散的乡村旅游资源进行有效的全方位整合，规划出一条完整的、系统的开发和发展体系。在进行景区规划时，注重对景区食宿水平进行提升，可以通过设计旅游基地和餐饮基地等方式，整合相关资源，使乡村景区能够为游客提供更好的后勤和住宿服务。对景区的开发也应该由局部走向整体，扩充游览内容，建立不同景点之间的内在联系，使景区发展和当地的农业生产发展相协调，提升乡村旅游的景点质量和辐射范围。

五、建设多元化、附加产业旅游

在过去，由于各种客观条件的限制，以及缺乏相关经验，导致不同地区的乡村旅游有着较高的相似度，旅游内容十分单调，导致旅游很难获得良好的体验，从而对乡村旅游失去兴趣。特色旅游的主题就是特色、体验，方式不仅是特色化还得是多样化，更得是独特化。

针对游客多元化的需求，旅游产业必须使自己的产品多元化。例如，针对"活力老人"的养老需求，开发出了"旅居养老"服务产品。当然，游客还有更多元化需求，需要我们提供相应的服务产品。

在乡村旅游建设中，还可以从附加产业方面满足游客的多元化需求。比如，在花卉园，可以附加摄影、赏花、采摘等服务；在果园，可以附加自助采摘、野营等服务。这一方面能够提升乡村旅游项目的趣味性，让游客获得更好的旅游体验；另一方面还能直接增加乡村居民们的经济收益。

积极拓展其他相关产业，发展配套产业，形成旅游相关产业链。文化旅游、体育旅游、工业旅游、农业旅游、水上旅游、商业旅游、科学旅游等产业跨行业整合将不可避免地将旅游业从单一类型转变为复合型。"旅游+"必定是以后的大势所趋。

六、"无预约不旅游"将成为出游常态

当前,很多地方通过预约旅游来推进智慧旅游监管。比如,上海欢乐谷除了在游客进入园区的时候查看游客的预约信息,在游客参与一些游乐项目时,还让游客进行"虚拟排队",一方面避免人员大量聚集;另一方面也节省了游客的时间。山东利用 A 级旅游景区门票预约平台,实现各大景区资源整合和预约服务;贵州推出"一码游贵州"全域旅游智慧平台,方便游客预约。

旅游业实施预约模式有很多好处,首先,在疫情期间,给游客提供了便捷,使游客能够提前知道景区是否开放,并且做到错峰出游或者避开旅游的高峰期。并且,游客在预约平台上下单购票,可以省去排队买票的麻烦,也不用担心因为门票售罄而浪费排队时间。其次,预约旅游给景区管理提供了很多便捷,有助于景区实现精细化管理,提升整体的服务水平。游客在平台上提前预约,不仅能够给自身的健康和安全提供一份保障,并且在预约的过程中,通过平台对景区的介绍,可以提前了解景区相关的文化,从而获得更好的旅游体验。

要想让"无预约不旅游"成为常态化,就需要国民养成计划和预约的良好习惯。所以,各级地方的文旅主管部门,应该结合当地景区的特点,进一步探索"科学分时",也就是根据不同季节、不同时段的客流规律,制定相应的分时方案,这对优化文旅资源配给有着重要的作用。另外,现在我们已经进入信息时代,高度发达的信息技术给人类的生产、生活提供了很多便利,也促进了社会经济的发展。所以,在旅游方面,要响应信息时代的号召,积极推进智慧旅游的建设,完善相关的技术,构建完善的智慧景区服务系统,将旅游预约、产业运营检测、行业管理、旅游资源管理等要素嵌入其中,从而实现旅游景区门票、餐饮娱乐、住宿等服务的线上实时预约、在线支付和线上排队。与此同时,还要考虑到一个特殊群体,那就是很少接触互联网的老年游客,他们不会在网上操作进行预约、购票,只能在现场购票,如果景区门票在网上售罄,那么这些群体就会出现买票难的困难。所以,旅游部门要对现场售票和网上预约的配比进行妥善安排,让老年游客也能顺利出游。

七、"微旅游"的概念将在乡村旅游中推广

要想落实"乡村微旅游",首先应满足三个条件:第一,要做好顶层设计,

着眼于全域旅游，做好系统性规划。要建立较为完善的乡村微旅游发展的体制机制，制定土地、项目、资金、财税、人才等系列制度和措施。更重要的是，还要加强品牌意识和宣传意识。第二，要搞好服务。任何形式的旅游，归根结底都是文化和服务的竞争。游客在某景区游玩的过程中，所看到的、吃到的、买到的，大部分都是可以复制的，只有文化和服务是无形的，是很难复制的，并且这两个因素也大大影响着游客的旅游体验。因此，乡村微旅游要致力于提升服务质量，深度挖掘文化内涵。第三，搞好经营。乡村旅游和景区旅游最大的区别就是乡村旅游业态的小微性。民宿、农庄研学基地等都属于小微乡村旅游业态，有着较强的个性化和体验性特征，因此得到新兴旅游者的强烈喜爱。乡村旅游发展必须适应散客化发展趋势，着眼于小微市场，对于旅游产品，要精心打磨，可以给游客提供定制化服务，这样才能满足不同游客群体的个性化需求，从而让乡村旅游景区对游客始终保持吸引力。

第三节　国内乡村旅游的发展实例

目前，很多省市都已经着手开展乡村旅游项目，并且各地逐渐形成了自己独特的发展模式。比如，北京的"民俗游"模式，贵州的"村寨游"模式和成都的"农家乐"模式等。从乡村旅游开发的依托这方面来看，我国乡村旅游主要有两个类型，一个是都市依托型，一个是景区依托型。

一、北京"民俗游"的发展模式

20世纪80年代后期，昌平十三陵第一次出现了观光桃园，自此以后，京郊民俗旅游经历了以下几个重要发展时期：

（1）农家乐时期（1994年以前）：当时北京郊区农村旅游的主要形式以郊区农村观光、农家乐、体验农村生活为主。

（2）民俗旅游接待专业户时期（1995—2000年）：1995年北京世妇会之后，郊区的宾馆饭店、旅游区越来越多，郊区民俗旅游村以吃农家饭、住农家院、体验传统生活习俗等丰富的民俗旅游活动为特点，得到了很多旅游者的追捧。

（3）规模经营阶段（2001年至今）：黄金周长线旅游过热产生消极后果后，

郊区民俗旅游作为一种理性旅游消费的最佳选择，成为一种新颖的休闲度假方式，得到很多人的欢迎。

自1994年起到如今的近三十年的发展历程中，北京郊区农村旅游的内涵逐步发生三个转变：一是，从最开始的自发式发展慢慢向规范式发展转变；二是，从单纯的"农家乐"向多类型、广分布、综合性的"乡村游"转变；三是，从外延式发展也向内涵式提高转变。

北京乡村旅游产品主要分为农业观光休闲园，包括观光果园、观光养殖园和乡村度假园；民俗文化休闲，其节庆活动以自然资源的物候、时令为依托。休闲度假包括滑雪场、游泳、温泉、赛马场等。

二、云南以丽江为代表的"特色小城镇"模式

云南凭借着独特的地理风貌和历史文化，有着丰富的旅游资源，这里不仅有闻名海内的自然遗产、文化遗产，还有足以吸引大量游客的自然景观和人文景观。近些年来，丽江成了旅游爱好者的必经之地。丽江古城有着丰厚的文化底蕴，它融合了纳西、白、藏、汉各民族建筑艺术的精华。丽江城内现存有完整的古城风貌，不仅把经济和战略重地与崎岖的地势巧妙地融合在一起，还拥有古老的供水系统。在十多年的发展历程中，丽江已经成为十分著名的旅游胜地。

（一）保存完整风貌，提供旅游资源

从地理特征来看，丽江古城依托三山建立而成，跟大自然实现了完整地统一。观察丽江古城的整体布局和民居形式，可以发现，其建筑材料、工艺装饰、环境等较为完好地保存了古代的特征。并且，丽江古城的道路和水系仍维持原状，石拱桥、木板桥、四方街商贸广场一直被保留到今天。丽江古城的民居在建造和修复时，采用的都是传统工艺和传统材料，古城的风貌得到了最大程度的保护，并且，其中所有的经营活动都受到严格的监控。在丽江这座古城里，无论是政府相关部门还是当地居民，都有强烈的古城保护意识，并且自觉维护古城风貌，这为古城的旅游发展奠定了坚实的基础，也提供了可靠的保障。

（二）根据市场发展成功推出旅游线路

丽江根据市场发展，先后推出古城——长江第一湾——巨甸——塔城线、古

城——老君山线、古城——玉龙山线、古城——虎跳峡环线、古城——泸沽湖线、古城——宝山石头城线等主要旅游线路。旅游开发的重点是以"一城（丽江古城）、两山（玉龙雪山、老君山）、一江（金沙江沿线）、一文化（东巴文化）、一风情（少数民族风情）"为主的自然旅游资源和人文旅游资源及旅游元素相关的其他开发项目。

（三）不断创新，适应市场需求

从旅游产品这方面来说，丽江根据市场的要求和游客的各种需求，对产品进行不断调整和改进，并不断开发出新的旅游产品，这对于提升丽江古城的吸引力发挥了巨大的作用。并且，丽江人特别重视宣传工作，根据丽江古城的特色，制作出很多优秀的宣传品，借此呈现丽江古城的独特魅力。而为了充分展示丽江所蕴含的民族文化，并提高丽江的知名度，丽江人特别注重搞好外部工作以及加强精神文明建设。丽江人宣传丽江的一个重要窗口就是神秘的巴东文化以及纳西古乐。"机场通航庆典""丽江的回音"等一系列大型活动及丽江新的旅游品牌（如《丽水金沙》大型歌舞晚会等）吸引了国内外重要媒体的注意，使其争相报道，这使得丽江被世人所知，进而掀起了丽江旅游的浪潮，这有效带动了相关产业的发展，又促进了对外开放和经济社会的全面进步。

三、贵州的"村寨游"模式

（一）特色

贵州同样是一个有着丰厚历史文化底蕴的省份，有很多著名的旅游胜地。贵州省有很多特色村寨，以及乡村深度体验型产品，这是贵州省开展民族乡村旅游的主要支柱。这种旅游产品有着非常显著的文化特性，在前期，这类旅游产品会吸引很多文化探秘的国外游客以及研究学者，而随着国家乡村旅游市场的发展，国内旅游者回归自然、亲近自然的愿望越来越强烈，使得这种将传统的文化旅游活动与村寨田园风光相结合起来的乡村旅游产品呈现出独特的魅力。这种旅游发展模式属于景区依托型，主要依托民族村寨或其他大型旅游景点来开展乡村旅游。

(二) 典型

1. 西江千户苗寨模式：在文化保护与传承中受益

西江千户苗寨是中国历史名镇、省级风景名胜区、中国民间艺术之乡。其依托丰富的苗族文化，利用 2008 年 10 月 26 日贵州第三届旅游产业发展大会在西江举办的契机，使得基础设施得到了改善，知名度大幅提高，游客量也获得了较大的增长。

投融资模式：贵州很多乡村旅游在发展的过程中，都存在资金短缺的问题，而西江则不同，它在投融资方面有着广阔的渠道，通过向银行贷款，整合各部门专项资金，并积极吸纳外来投资，使其基础建设得到完善，接待设施得到发展。

各方参与模式：在发展建设过程中，西江千户苗寨逐步形成了"景区管理局＋景区公司＋农户＋外来投资＋旅行社"的西江模式。在整个模式中，景区管理局处在主导地位，主要负责管理对道路、河堤、房屋进行改造等；景区公司则主要经营歌舞表演等；西江旅游发展给当地农户带来了很大的经济收益，农户们可以根据自身资源情况，通过经营餐饮和住宿、销售手工艺品等方式来参与旅游业；而外来投资者可以对农家院进行改造，提升其品质，或者经营级别较高的宾馆。

文化保护与传承者的收益：西江景区从 2009 年 4 月开始收取门票，将 70% 的门票收入用于实施《文化保护评级办法》，从房屋年代、面积、屋主个人文明程度、服装、粮仓等富于民族特色的文物保护情况进行评定和奖励，以平衡村民的收益情况。这种收益分配方式是综合考虑各方面因素而确定的，有一些村民并没有直接参与旅游业发展，但同时承受着旅游业发展带来的负面影响，而这种收益分配方式则可以使这部分村民获得一定收益。这能够有效强化村民保护有形和无形文化的意识，使乡村旅游发展得到更多支持。

西江属于景区依托型乡村旅游的代表，它充分利用浓厚的苗族村寨文化，大力发展乡村旅游，并积极探索文化保护和传承的有效路径，走出一条乡村旅游与文化保护有机结合的发展之路。

2. 巴拉河模式：人人参与，家家受益

从经营主题上来看，我们可以将"巴拉河模式"理解为"社区农民组织＋农户"模式。雷山县郎德上寨是贵州乡村旅游的发源地，从 20 世纪 80 年代中期开展乡村旅游以来，最主要的旅游项目就是苗族歌舞表演，这一项目由村寨集体举

办,每一个村民都可以参与到该项目中,负责旅游接待,并按贡献大小记工分进行分配。通过村民投票选举,选出村旅游管理小组的成员,负责旅游接待的组织管理。至于管理和分配制度,也是由村民通过讨论来制定的。

一直以来,朗德工分制都体现出形式单一、效率低下的特征,因此备受诟病,但是,"人人有权参与,户户能够受益"的观念在巴拉河沿线陆续崛起的南花、季刀等乡村旅游村寨中得到认可。

在距离朗德仅几千米的凯里市三棵树镇季刀苗寨,村民们自发组织和建立了老年协会,并由老年协会负责乡村旅游的组织和管理业务,逐渐形成了"协会+农户"这一旅游发展模式。秉持着旅游发展人人有责、各尽其才的理念和原则,协会组建了情歌组、刺绣组、绿化组、治安卫生组等多个功能小组,并鼓励全体村民根据自己的特长和兴趣参与其中,积极承担起管理村寨建设、旅游接待等重要任务。"协会+农户"这一模式的运行可以说是比较成功的,这给村民深度参与村寨建设提供了契机,而各种功能小组的成立,则有效激发了村民为村寨建设做贡献的动力。

"社区农民组织+农户"这一模式的施行,使得"资源共有,家家有责"这一观念被更多人认可,并使村寨建筑得到更妥善的保护。

3. 天龙屯堡模式:"政府+公司+农村旅游协会+旅行社"模式

在西部,天龙屯堡在乡村旅游发展中也开辟出一条值得赞叹和借鉴的道路。2001年,依托明代遗存的典型屯堡村落的特殊优势,天龙屯堡乡村旅游起步。三个土生土长、创业有成的屯堡精英共同出资100万元组建旅游公司,从当地政府手中获得50年经营权。之后,由村民自发组建农民旅游协会参与决策。"政府+公司+农村旅游协会+农民"的天龙屯堡模式初具雏形,开创贵州省利用市场机制集合各方力量开发乡村旅游的先河。2006年,天龙屯堡模式进一步拓展,与旅行社和媒体捆绑为更大的利益共同体。

多主体开发模式:在天龙屯堡模式中,每一方所扮演的角色、承担的责任都十分清晰。政府负责上层设计,也就是负责旅游规划和基础设施的建设;旅游公司则充分发挥自己的优势,利用自己已有的经验,负责市场运作;农民旅游协会因为其成员来自当地乡村,对乡村文化更为了解,所以负责组织当地村民表演地方戏、制作工艺品、为游客提供住宿等,并组织村民修缮各自的民居,同时还要负责协调公司与农民的利益；而居民则可以深度参与到旅游发展过程中，负责旅游接待、销售旅游产品、经营餐饮等。居民的需求和意见主要通过旅游协会表达。

收益分配：负责旅游接待的居民领取相应的工资，如果居民自主经营某项目，则自负盈亏。旅游公司所获得的门票收入，除了支付旅游经营的各种成本外，可以给当地居民购买医疗保险，并按照一定比例投入到农民旅游协会中，目的是保证协会可持续运行。

这一模式的特点是，可以发挥旅游产业链中各环节的优势，通过建立合理的利益分配机制，在很大程度上避免乡村旅游开发商业化过度的问题，从而使本土文化得到保护，并提升当地居民的文化自信，为旅游可持续发展打好基础。

四、成都"农家乐"乡村旅游发展模式

成都是"中国乡村旅游的发源地"，其多年的乡村旅游发展实践，形成了"政府主导，部门联动；社会参与，市场带动；基地生产，企业经营"的各方参与模式。"五朵金花"是其中的典型代表。

"五朵金花"是指三圣乡东郊由红砂、幸福、万福、驸马、江家堰、大安桥等6个行政村组成的5个乡村旅游风景区，作为成都乡村旅游的成功典范，是"中国花木之乡"和国家级4A级风景区，被誉为"永不落幕的花博会"。

（一）"五朵金花"模式

三圣乡乡村旅游铸造的"五朵金花"模式包括"花乡农居""幸福梅林""江家菜地""荷塘月色""东篱菊园"，这一模式的基础是规模化的花卉培育，由政府主导规划建设，集花卉销售、生产、科研、信息和观光旅游于一身。这一模式的主要特点是生产性强、规模大，并且投资风险小、效益高。

（二）建设方式

第一，对房屋进行改造，达到景观化标准。改造房屋所花费用由农户承担，政府予以一定补贴，按照"宜散则散、宜聚则聚"的原则，对城市通风口的农房进行改建。第二，要加强基础设施的完善，达到城市化标准。按照整体规划，以城市道路、污水处理、天然气等生活设施标准，对乡村基础设施予以完善。第三，完善配套设施，使其达到现代化标准。实现户户通光纤，保证每个村都有卫生服

务中心。第四，注重景观维护和打造，使其达到生态化标准。打造湿地，建设绿地，构建良好的人文自然景观。第五，土地经营达到规模化标准。

（三）五个景区的功能定位

第一，花乡农居：发展科技花卉产业和小型农家乐。依托的是占地2千米平方的花卉种植规模，借此发展以观光、赏花为主题，同时，对花卉的科研、生产、包装等方面进行全方位开发的复合型观光休闲农业产业。第二，幸福梅林：主要发展梅花种植产业，以及农家乐和梅花相关的旅游商品。参照川西民居特点来建设农居建筑，在景区内，建设长廊、照壁、梅园等人文景观，借此科普与梅花相关的知识。第三，江家菜地：发展蔬菜种植产业，开展生态体验旅游和度假旅游。依托大面积的蔬菜水果种植基地，以休闲、劳作、收获为主要形式，吸引游客前来，在基底上认种土地，认养蔬菜，把田间耕作的过程发展成为一种健康的休闲方式。第四，荷塘月色：发展乡村艺术体验旅游，开展国学传统观光旅游。这一旅游模式依托的是大面积荷塘，充分利用自然风光打造优美的人文环境，在景区内可以放置一些艺术雕塑，从而吸引画家前来，在此处进行艺术创作，从而使荷塘月色更具艺术气息。第五，东篱菊园：主要是发展菊花观光养生和休闲度假。现代人长期在城市中生活、打拼，心中有着强烈的返璞归真、亲近自然的愿望，而东篱菊园恰好满足了人们的这一需求。在这一模式中，有优质的乡村景点，有集居住、休闲、娱乐、餐饮于一身的特色产业，让人们能够享受快乐的乡村休闲时光。

（四）发展方式

第一，利用文化提升产业。挖掘幸福梅林中与梅花相关的传统文化，给荷塘赋予音乐、绘画等艺术内涵，挖掘江家菜地的农耕文化，展现东篱菊园的菊花韵味，将单一乏味的农业生产活动发展成具有吸引力和一定文化魅力的休闲文化活动。第二，通过发展旅游实现农民致富的目标。给处在观光道路两侧的农户以一定的支持和鼓励，引导其充分利用改造后的农房，自主经营饭馆、旅馆，或者将房子出租给有实力的公司，通过这种方式获取一定收益。并且，当地农民还可以推出赏花、休闲、体验等形式丰富的旅游项目，借此发展乡村旅游。第三，借助产业支撑农业。对于花卉龙头企业，在技术、资金和政策方面予以支持，开发出梅花系列旅游产品,形成规模性产业。第四,利用品牌塑造形象。成都"农家乐"是都市依托型乡村旅游的代表,其中"五朵金花"距离虽然不远,但是它们都有各自的特色,相互错位发展,有效避免了低水平重复建设以及发展过程中的恶性循环。其主要特征是依托城市大市场,发展周末休闲度假旅游。

第四节　国外乡村旅游的发展实例

在一些发达国家,乡村旅游的发展十分火热,已经达到了较大的规模。比如,英国、法国、美国等国家,政府通过乡村旅游来发展经济、解决就业问题,以及避免农村人口大量涌向城市,并且为了更好地达到这一目的,给乡村旅游提供更多资金和政策上的鼓励与支持。很多国家在乡村旅游发展的资源保护、产品开发和管理体系方面,积攒了一定的成功经验。

一、法国

(一)发展概况

法国是欧洲的第一农业大国,同时也是世界旅游业较为发达的国家,这两者的结合使得法国具备大力发展乡村旅游的基础。在20世纪70年代,法国开始发展乡村旅游,这种落实在乡村的新型旅游方式在法国被称为"绿色旅游""生态旅游"。在法国的乡村旅游建设中,旅游活动主要包括品尝农场美食、参观农场、骑马等。

1953年,法国农会常设委员会(APCA)正式成立,并在1998年专门设立了"农业及旅游接待服务处",大力宣传农业旅游。作为推广农业旅游的中央机构,该委员会结合法国农业经营者工会联盟、法国农会与互助联盟等专门农业组织,建立"欢迎你到农庄来"网络,其中包括农场客栈、点心农场、农产品市场、骑马农场、教学农场、探索农场、狩猎农场、暂住农场和露营农场九大系列,组织法国各个大区的农场,形成法国农场强有力的促销策略。

在法国的乡村旅游中,旅游企业特别重视提供的相关活动或者服务,让游客能够充分享受乡村旅游的快乐。比如,在农场附近开辟一条小径,让游客能够在其中散步，同时观赏羊群和牛群，甚至让游客参与农场劳动，体验挤牛奶的乐趣。

(二) 产品形式

法国的乡村旅游业基本上是围绕食、住、行、游、购、娱这六个方面展开的，但其产品和服务都有明确的规定和严格的约束。以下主要论述在餐饮、住宿和购物方面的组织安排。

1. 餐饮

在乡村旅游发展建设中，餐饮是非常重要的一个方面。乡村的餐厅基本上是提供具有本地特色的菜品，并且原材料基本也是来自周边的农场和牧场，这种纯天然绿色食品更加受到游客的喜爱。同时，法国的乡村餐厅对各种称号和认证十分重视，因为这些称号和认证有一定的权威性，在招揽游客方面起着非常重要的作用。在法国农村的葡萄园和酿酒作坊中，游客可以品尝鲜美的葡萄酒，也可以亲自参与到酿酒的整个过程上，最后还可以将自己酿造的酒带走，这一旅游项目有着较强的知识性和参与性，受到很多游客的欢迎。

2. 住宿

住宿也是乡村旅游发展的一个重要方面。法国乡村旅游的住宿模式呈现出多元化特征，主要包括乡村别墅、露营和乡村酒店等。其中，乡村别墅价格不是太高，又能让人惬意地享受假期，因此受到更多欢迎。在20世纪60年代，法国成立了全国乡村住宿协会，通过乡村别墅认证对乡村别墅进行规范和管理。为了保证乡村别墅的质量，该认证每年都会把一些没有达到标准的乡村住宿设施剔除，同时又不断地更新名单。另外，法国乡村别墅特别重视特色化，根据所处地区不同，乡村别墅被分成不同的主题，比如，美食、钓鱼、骑马等，并为其设计具体的商标，如"鱼屋""雪屋""农屋"，并根据其经营性质，为游客提供特色的服务。法国乡村住宿采取的最普遍形式就是露营，价格较低，而且形式更加丰富，可以是帐篷、房车，也可以是二层矮楼的度假小屋。

3. 购物

法国乡村旅游的特产基本上是有地区特色的农产品，并且大部分产品都经过健康产品认证。当然，要想得到这种认证，相关产品必须要通过相关机构的严格检验。作为游客，出于对食品安全的考虑，也会倾向于选择有"健康食品"认证的产品。

（三）发展模式

1. 政府干预与市场经济整合

在政府支持下发展起来的乡村旅游代表之一有"假期绿色居所计划"，非政府干预，由网络组织而发展起来的乡村旅游代表之一有"欢迎莅临农场"。法国政府加强了对乡村旅游开发的管理，主要包括以下内容：

（1）恢复发展传统建筑文化遗产

恢复传统建筑文化遗产的发展，其对象主要是具有特色的传统村舍，政府对其进行资金补贴，鼓励农民修缮房屋，并发展乡村旅馆。一方面保护传统建筑，另一方面增加经济收益。

（2）加强对乡村旅游业质量的管理

给游客提供住宿和餐饮的场所必须要通过相关部门严格的检验，必须取得带有"欢迎莅临农场"标志的资格证书，同时还要具有乡村特色。另外，严格规定不得采购和贩卖其他农场的产品，农场的建筑必须跟当地特色相符合等。

（3）运用互联网技术建立客房预订中心

对乡村餐饮、旅馆进行营销，以方便游客选择和预定，同时保证业主的经济来源。此外，2001年法国成立了乡村旅游常设会议机构来促进乡村旅游的发展，2003年成立了部际小组，开始在全国规划自行车道和绿色道路，2000年至2006年国家共拨款5300万欧元为乡村旅游景点修筑公路。

2. "农户+协会+政府"的供给模式

作为农民，只要具备相应的条件，也可以加入国家"欢迎你到农庄来""农家长租房"和"农庄的餐饮与住宿"等几种协会型组织中。法国家庭农舍联合会对农舍改造和推销进行严格监督；法国农会下属协会则负责制定乡村旅游的主要规范、质量评级标准；农会常设委员会与农业及旅游接待处制定严格的乡村旅游管理条例。政府适当干预，只参与乡村旅游发展的上层规划，并根据当地乡村旅游的发展需求提供相应的制度或财政支持。法国的农业及旅游接待处制定了严格的乡村旅游管理条例。比如，餐饮提供的主要食品不能采用冷冻食品，必须是来自当地的新鲜食品，要保证食品质量和安全；给旅客提供食宿的农家乐，所使用的农产品必须是当地生产的，避免使用罐头食品，另外在烹制方面，要使用本地的烹制方法，要体现本土美食的特色。这些制度使得每个农家都拥有自己独特的产品，在很大程度上减少了农家之间的恶性竞争。

"法国农家乐联合会"是农家乐经营者的组织，它主要负责监督农舍出租的管理标准，并定期安排专业人员上门检查农舍的质量，特别是检查农舍的卫生条件是否符合要求。1974年，法国颁布了《质量宪章》，以农家乐的周边环境、相关设施、房间舒适度等为依据，将农家乐分为5个等级，并以麦穗为标志，最高等级为5个麦穗，最低等级为1个麦穗。获得5个麦穗的条件是很高的，不仅要有私家花园、停车场，还要有各种娱乐场地。可以说，保证法国农家乐品质的一个重要因素就是行业自律。

3. 推行乡村旅游品质认证制度

无论是餐饮、住宿，还是购物，在法国，都是通过各种认证来进行规范和管理的。

4. 围绕"乡村特色"开发产品项目

法国乡村旅游的发展呈现出一个特点，那就是有意识地"乡村化"，甚至人为地去制造一些乡村特色，比如，添置一些古老的家具，将餐厅布置成传统法国样式。对于乡村旅游发展建设，法国政府提出要求，要在乡村旅游开发的过程中，逐渐恢复和发展传统建筑文化遗产，保护那些特色的古老村舍，并且明确提出，农场的建筑要跟当地的特色相符合。

5. 营销和开发并重

法国乡村旅游的参与者并非独立经营、各自为政，就乡村旅游开发建设相关问题，当地政府、当地居民和乡村旅游企业必须在意见和行动上达成一致，对于重大问题要一起讨论、规划。同时，乡村旅游在发展建设的过程中，必须要顾及对当地居民各方面所造成的影响，因为发展乡村旅游，最主要的出发点就是促进当地经济发展，改善当地居民的生活。法国乡村旅游企业的营销模式呈现多样化特征，它们往往借助跟行业对手和政府性旅游组织的合作，来提升自身的影响力，并扩大营销范围，比如，通过出版专门的宣传手册，对乡村旅游产品进行推销。在法国的乡村旅游发展建设中，鼓励并支持农民亲自参与乡村旅游开发，同时提供一定的资源，并对农民加强培训和引导，使他们能够在乡村旅游发展中实现自身价值，获得更大收益。

6. 拓展旅游细分市场

在产品种类方面，从普通的观光产品到种类齐全的休闲农场（农产品农场、骑马农场、狩猎农场等），再到不同主题文化类型的旅游产品，法国旅游部门都有与其相符合的品牌和政策。在住宿类型方面，从一般到特殊（乡村别墅、乡村酒店），从豪华到廉价（城堡驿站、露营地），形式多样，完全能满足不同游客的不同需求。

（四）案例：法国普罗旺斯乡村旅游——薰衣草的国度

1. 发展现状

普罗旺斯是法国最具盛名的乡村度假胜地，每年都会吸引很多世界各地的人来此游玩。彼得·梅尔的《重返普罗旺斯》一书介绍道："普罗旺斯作为一种生活方式的代名词，已经和香榭丽舍一样成为法国最令人神往的目的地。"它几乎是所有人"逃逸都市、享受慵懒"的梦想之地。

2. 发展概况

普罗旺斯的薰衣草最为有名，薰衣草之乡，正是普罗旺斯的旅游形象定位。其功能定位是农业观光旅游目的地。普罗旺斯的主要旅游产品包括葡萄酒酒坊体验游、香水作坊体验游，以及田园风光观光游。在业态方面，设置了艺术中心、特色手工艺品商店、家庭旅馆等。可以说能够满足各层次游客的不同需求。

3. 模式经验

在普罗旺斯，最能够体现本土特色的植物就是薰衣草，很长时间以来，在人们心中，薰衣草就是普罗旺斯的代名词。来到普罗旺斯，人们可以看到紫色的薰衣草花海，在当地居民家中，可以看到各种薰衣草香包，当地的商店也摆满了用薰衣草制作而成的各种商品，比如香皂、香水等，就连药房，也售卖薰衣草花茶。在薰衣草花海的熏染下，普罗旺斯更增添了一层浪漫的色彩，从而成为最令人遐想的旅游胜地之一。

（1）农业产业化——游客体验，乐在其中

在法国的乡村旅游开发地，一般都会有葡萄园和酿酒作坊，在这里，游客参观作坊，观察甚至参与酿酒过程，也可以在作坊里品尝葡萄酒，最后，也可以将自己酿好的葡萄酒带走。从酿酒中获得的乐趣，当然是在商场直接买酒所不能比拟的。类似的，游客在欣赏薰衣草相关的农业景观时，也能在作坊中亲自用薰衣草来制作香水和香皂，享受这一快乐的过程。

（2）生产景观化——有机结合，增加业态

根据生态学、环境美学和景观设计学等相关理论，将农业生产与生态农业建设及旅游休闲观光进行有机结合，建立科研、生产、加工、商贸、观光娱乐、文化、度假、健身等多功能于一体的旅游区。

（3）活动多元化——大众参与，感悟乡村

法国乡村旅游的项目和活动丰富多样，能够真实地反映乡村生活，并且能吸引游客积极参与其中。比如，可以设置庄园游、酒庄游等项目，让游客在参加这些项目的过程中真正体验农村生活，感受乡村居民生活的特色。

（4）节庆多样化——节庆举办，特色凸显

普罗旺斯地区的活动种类繁多，几乎每个月都有两三个大型节庆举办。比如，2月份有蒙顿柠檬节，7月至8月有亚维农艺术节、欧洪吉歌剧节，还有薰衣草节，这些丰富的节庆互动使得普罗旺斯变得更开放、热闹，对世界各地的游客更加具有吸引力。

二、美国

（一）发展概况

乡村旅游在美国有着十分悠久的历史。2001年，美国旅行行业协会对1300位乡村旅游者的抽样调查表明：与大自然更亲近的乡村旅游最受游客的喜爱和欢迎。在第二次世界大战之后，中产阶级将乡村旅游当成生活的重要组成部分。在假期，他们通常会到乡村食宿接待处或者私人农场度过悠闲的时光。

美国之所以获得"世界农业冠军"这一地位，跟美国政府长期以来通过各种政策扶持农业发展是分不开的。1929年以来，美国政府出台了系列农业调整法案，如农产品价格支持法案、农业及消费者保护法案。美国对生态农业、有机农业发展予以了高度重视。美国政府对于家庭农场结合有机农业、生态农业开展旅游活动予以鼓励和支持。正是在这一系列法律法规的扶持下，美国乡村旅游才能得到蓬勃发展。

（二）产品形式

美国的乡村旅游有着丰富多样的形式，并且旅游产品也十分丰富，森林、渔乡、农耕等都开发出大量的、不同类型的旅游产品，这些产品使得乡村旅游更具吸引力，并且能够满足不同游客的不同需求。

美国的乡村旅游可以分为三种类型，即观光型、休闲型和文化性。其中观光型乡村旅游主要是凭借优美的乡村景观，以及农业生产过程来吸引游客，因为大部分游客都是来自城市，长期在城市中生活，对农村这种比较原始、自然的生活方式充满好奇和向往，所以观光型乡村旅游得到了很多游客的青睐，很多游客都愿意来此参观和游玩。美国还建立了很多基因农场，这些农场也对游客开放，所谓基因农场，就是用基因的方法来培植马铃薯、番茄等农作物，一方面可以促进农业发展，另一方面可以吸引游客前来，并为游客介绍基因科学相关的理论知识和实践技术。而休闲型旅游则以乡村旅游资源为载体，设置多种形式的、具有较强参与性的旅游活动，目的是满足游客的休闲娱乐需求，并让游客在参与活动的过程中，促进身心健康发展。这一旅游类型同样得到了众多游客的喜爱。比如，美国的农场旅游、牧场旅游，可以让游客欣赏到平日里难得一见的田园风光，感受乡村生活的乐趣，并且在这些农场里，通过专业人士的讲解，还能了解很多农业知识和农业技术，娱乐了身心，也拓展了视野。文化型乡村旅游的主题一般是传统民族文化、乡村民俗，或者是乡村民族的独特风情，可以说这种类型是将乡村旅游与文化旅游进行有机结合。

（三）经验借鉴

众所周知，美国是世界上的经济强国，与此同时，美国还是世界旅游大国，一直以来，美国的旅游收入居世界第一。在美国旅游业发展中，乡村旅游是其重要组成部分，近些年来，美国乡村旅游发展呈现出强劲势头。美国乡村旅游的旅游产品十分丰富，在世界范围内位居前列，主要包括农业旅游、森林旅游、民俗旅游、牧场旅游等。人们在参与乡村观光度假的过程中，不仅可以观赏到美丽的田园风光，又可以参与田园、牧场等耕作，还可以分享丰收的果实，并参与具有地方特色的、娱乐性较强的活动。在这样的旅游过程中，人们既可以愉悦身心，又可以陶冶情操。

1. 加强立法，规范管理

从1958年开始，美国国会和各州议会频繁地颁布相关法律，加大了对旅游业的管理力度，同时也加大了对旅游业发展的支持力度。美国旅游业及其管理体系不断完善，在这样的态势下，国会又着眼于乡村旅游建设，并予以大力支持。比如，在1973年，美国国会颁布了《国家旅游法》，这部法律成为美国政府扶持乡村旅游发展建设的主要依据，为乡村旅游打造了优渥的发展环境。为了进一步扶持乡村旅游业的发展，美国对申请开办乡村旅游经营的个人或组织、经营规模、生态环保等都建立了相应的法律法规。

2. 合理规划，分层扶持

美国乡村旅游的发展取得了较大的成功，其中有很多值得借鉴的经验，而之所以能够取得这样的成果，主要在于美国政府对旅游业的规划和支持。在美国，乡村旅游是农村可持续发展战略中的重要组成部分，政府为此颁布了各种优惠政策，从县、州一直到联邦的各级政府对乡村旅游业都有合理的规划和一系列的扶持政策。比如，地方政府在对本地发展进行规划时，会自然地将乡村旅游考虑进去，对乡村旅游发展给予大力支持。如果有合适的项目，无论是乡村还是个人，都可以在美国农业部申请一定的基金，并且申请程序比较简单。比如，1999年，加利福尼亚州通过了一项《加州农场家庭住宿法案》，法案中明确指出，农家旅馆在最低规模和要求方面可以低于商业旅馆，这是对农家旅馆这种形式的乡村旅游的典型扶持。

在美国，并没有一个实体的、国家级别的旅游行政机关，这在全世界范围内来说是绝无仅有的。正因如此，美国政府对旅游管理的权限是比较开放的，对乡村旅游的管理也是如此，上级主管部门对旅游的限制非常少，不仅不干预，还下放权力。大部分的基层政府，都能结合本地区的实际情况，开发出受游客欢迎的旅游产品，从而使得当地的旅游产业不断发展壮大。而且，各地政府对自己管辖内土地的开发都有十分科学、详细的规划，这有利于在乡村旅游发展过程中，对本地的自然环境和文化资源加以充分利用。

美国各级政府从信息引导、业务培训、资金支持等多个方面出发，大力扶持乡村旅游发展。比如，美国政府在培训旅游业人才的过程中，以"农村旅游发展基金"为基础的金融支持给乡村旅游建设提供强大的助力。并且，联邦"农村旅游发展基金"向各个地区发放旅游优惠贷款和补贴；20世纪末，美国联邦旅行与旅游管理局和明尼苏达大学旅游研究中心合作出版《乡村旅游发展培训指南》，其为乡村旅游的发展和规划提供了合理建议。

美国的地方政府特别关注乡村旅游的发展，会加大扶持力度，并为乡村配置交通、住宿等相关设施，提供旅游信息服务等。为了帮助乡村旅游开拓市场，地方政府会为此进行市场调研，并将可靠的市场供求信息提供给农民，同时，将优秀的乡村旅游资源进行集中，并利用自身优势，向外大力营销，有的还充分利用网络技术，建立乡村旅游信息特色网站。不仅方便乡村旅游的宣传，也方便游客提前了解旅游目的地。每年，美国的一些地方政府还会举办与乡村旅游相关的活动，比如赛马、农业博览会等，通过这些活动，将乡村的特色展现给外界，提升乡村旅游的知名度，吸引更多游客前来参观，从而促进当地旅游发展和经济水平的提升。

3."乡村旅游基金（NRTF）"支持模式

与其他国家不同，美国没有专门的旅游行政管理机构，所以美国旅游业的发展相对自由、开放。其旅游业发展以丰富的旅游资源为基础，并采取以市场为导向、以广泛参与的社区和行业协会等非政府组织为主要推动力量的促销运行机制。至于美国各级旅游管理部门，只有在规划和制定旅游策略时起到一定的指导和引领作用，一般情况下，对于乡村旅游发展不会进行过多的干预。乡村旅游行业标准的制定，以及乡村旅游监督检查和评估，这类工作并非是各级管理部门负责的，而是由行业协会负责。美国政府对乡村旅游管理采取的是一种比较开放的措施，所以，美国的非政府组织就获得了很大的活动空间。美国的旅游行业协会，是非政府性质的旅游组织，该机构不以营利为目的，担任着美国旅游行业各个部门及协会的统一组织。为了进一步扶持和推动乡村旅游的发展，在1992年，美国出台了相关国家政策，建立了国家乡村旅游基金（NRTF），这是一个专门针对乡村旅游的、不具有营利性的组织。这一组织从成立开始直到今天，在促进乡村旅游持续发展、提高乡村旅游知名度、推广国际旅游项目等方面发挥了十分重要的作用。此外，美国的各种农业协会组织同样扮演着非常重要的角色，它们为具有发展乡村旅游意向的人们提供项目指导，并为其介绍成功经验。美国的一些社区会经常举办乡村旅游巡回展览或者专题研讨会，借助于这些活动，可以给农牧业生产者进行乡村旅游知识培训，并鼓励他们参与相关协会和组织。这些非政府性质的、扎根于基层的、旅游服务的相关组织，在促进美国乡村旅游发展这一方面可以说是做出了卓越的贡献。

4. 科学经营，注重营销

在乡村旅游开发建设过程中，很多农场主出于自身需要，非常热衷于学习乡村旅游开发的相关课程，而康奈尔大学作为世界知名学府，还专门为农场主开设了相关课程和讲座，比如"如何成为农业企业家"；并且，为了使乡村旅游更具吸引力，很多农场主还不断创新旅游项目和活动内容，除了采摘蔬果、露营野炊，还增设了"玉米田迷宫""珍稀动物展览"等新奇的、趣味性较强的活动，有效吸引了游客的好奇心。

在美国，乡村旅游刚刚发展起来的时候，游客基本上都是来自附近的郊区或城市，客源少，且范围狭窄。但是发展到今天，美国乡村旅游的客源已经向跨区域、跨国界发展，每年都会接待大量的来自国外的游客。美国乡村旅游发展之所以取得这样的成绩，主要是因为美国的乡村旅游开发地非常看重品牌的塑造，并且在宣传促销方面下了很多功夫，使得这些享誉国内外的乡村旅游目的地，吸引了很多远程国内游客和国外游客前来参观；但同时，有一点必须注意，那就是乡村旅游在发展过程中必须要考虑实际情况，不能急于求成、好高骛远，要更多地着眼于国内市场，可以先将目标定位在周边城市的居民上。实际上，乡村旅游在开发建设过程中，国内居民，特别是附近城市的居民，起到了很大的带动作用。美国在乡村旅游目标市场上特别看重本地市场，注重将地方特色凸显出来，从本地资源特色和文化历史中挖掘卖点，借此提升景区的吸引力。

一直以来，在美国乡村旅游市场的开拓方面，节会营销发挥了重要的价值。现在，美国越来越多的地区开始利用年度节庆活动来提升品牌效益，同时，这也成为很多地区吸引游客的重要举措。

（四）案例：美国纳帕溪谷——理想田园

1. 项目简介

距旧金山以北80千米，长48千米、宽3千米左右的葡萄园，其历史可以追溯到1886年，从家庭或小作坊生产的葡萄酒到大托拉斯酒厂有近200家，出产的是美国品质最高的葡萄酒。近些年来，此地产出的葡萄酒，在世界上连续获得领先地位。当地有着优良的地理条件，且风景优美，非常适合葡萄的种植和培育，目前已经成为以红酒文化、庄园文化而享有盛名的旅游胜地。

2. 发展概况

美国纳帕溪谷依托于"葡萄园、乡村庄园"，采用六大元素构建理想田园生活，这六大元素分别是：当地特色的建筑、美丽的田园风景、传统的农业作坊、舒适的生活设施、雅致的艺术品位，以及丰厚的历史文化底蕴。

3. 发展模式

标杆农庄一户一特色。在这里，基本上都配备便利的配套设施，如购物中心，提供高品质食、住、行、娱的NAPA小镇等。此外，游客可以享受到专门的游客服务，比如，服务周到的游客服务中心、完善的博物馆系统，还有专为游客提供的高品质的红酒及相关工艺品等。

三、日本

（一）发展概况

20世纪70年代，日本的乡村旅游开始起步，在近些年来，日本乡村旅游得到大力发展。日本积极向法国、丹麦等国家学习，并在1991年颁布了《市民农园整备促进法》，其大型农园的规模较大、设施较齐全。

1. 第一产业衰落，催生新的经济增长点

在日本，随着工业化和城市化进程的加快，大量的农村青壮年涌向城市，这导致日本农村出现生产力下降、农民收入降低等问题，并且，在这样的情况趋势下，农业的地位也逐渐下降。而农业对一个国家来说无疑是非常重要的，因此，这些问题很快引起了日本政府和相关学者的注意。而要想改变农村青壮年外流这一现状，最重要的就是提升农村生活质量，促进农村经济发展，让青壮年自愿留在农村发展。为了实现这一目标，日本政府颁布了一系列政策，主要是为了鼓励、支持当地乡村旅游的开发和建设。乡村旅游的发展，一方面可以促进当地经济发展；另一方面，又有助于保持乡村特色，保护乡村地区的传统文化，这对一个民族的发展而言是十分重要的。

2. 基于"本土化"回归的旅游需求

在日本民间,"自生性"休闲活动一直进行着。发展到现代社会,日本文化出现了一种回归"本土化"的趋势,这种文化发展趋势在日本旅游发展中有着重要体现。它的一个重要表现就是,日本人民主要通过乡村旅游的方式来寻找传统文化,体验传统社会的生活方式。在城市化与工业化发展的过程中,生活在城市中的日本人民感觉到自己的故乡在慢慢消失,同时,由于工作压力和生活压力较大,他们也慢慢意识到,应该通过释放压力、提高生活品质,来保持良好的生活态度,恢复往日的工作热情,正因如此,日本乡村旅游得到了发展和进步。

3. 乡村精英的示范联动作用

所谓乡村精英,指的是具有一定能力和素质的乡村居民,这些村民通常具备以下条件:有一定的政治地位、文化水平和经济资源,有较强的办事能力,并且有较强的参与意识和自我意识,在当地经济发展过程中,能够起到重要的作用。比如,日本上野县四贺村的村主任,在当地蚕业和烟业失去竞争力,经济水平持续下滑,农民生活条件逐渐下降的情况下,充分利用废弃的桑园基地,带领当地村民开发逗留型市民休闲农园,由于该农园有自己的独特风格,并且经营有道,充分利用了自身优势,因此得到了很好的经济效益,并且吸引了更多村民参与到乡村旅游接待中来,在很大程度上促进了四贺村经济的复苏和发展。

20世纪60年代,日本工业经济迅速发展,很多农民出于对高品质生活的追求,开始走出农村,进入城市,成为工人,这一现象直接导致日本农村地区出现农业高龄化问题。如果这一问题得不到妥善解决,对日本农业发展是十分不利的,而农村是一个国家和民族发展的根基。为此,日本采取了很多措施来改善这一现状,比如,提高农业的机械化、集群化水平。在日本政府的大力扶持下,农村地区的兼业化程度也越来越高,有很多农民除了做本来的农务之外,还兼营蔬菜、水果、花卉等,有的还转向经营园艺和畜牧、水产业。同时,随着经济的快速发展,城市竞争压力加大,那些生活在城市中的人,面临着巨大的工作压力,他们对美好精神生活的渴望更加强烈,希望有更多、更好的休闲场所。正是在这样的情况下,城市附近郊区的观光果园、休闲农场等比较简易的乡村旅游形式开始诞生并发展。20世纪70年代,日本的农村地区开始出现具有一定规模的、专业化的"农村观光"经营场所，如农家果园、专业农庄等，于是，很多城市居民开始在乡村旅游度假。进入到 21 世纪，日本的"农家乐"旅游进入了高速发展期，呈现出多元化、专业化、社会化、精品化的特点，并且经营的范围相当广泛，经营成效日益显著，并已发展成为前景良好的新型旅游业态之一。

（二）产品形式

经过将近 50 年的发展，日本乡村旅游已经取得了优异的成绩，目前在世界范围内处于领先地位。日本的乡村旅游主要有两大类型，一个是观光娱乐型；另一个是休闲度假型。观光娱乐型乡村旅游主要以乡村农林牧副业生产过程和具有当地特色的人文景观为卖点，因为生活在城市中的人很少接触乡村生活，因此对这些内容很感兴趣，以这些内容为卖点，更容易招揽游客。观光娱乐型的乡村旅游项目主要有，在城市近郊开辟特色菜园、果园，供游客游玩、采摘，从而让游客感受到田园生活的乐趣。

休闲度假型的乡村旅游主要以美丽宜人的山水自然环境和不同的农林资源为卖点，借此向游客提供形式多样的休闲度假服务。目前来看，这种类型的乡村旅游已经成为日本城市居民首选的旅游度假方式。在休闲度假型乡村旅游中，最具有代表性的经营业态之一就是休闲农场，它以生产瓜果、蔬菜或其他农作物为主，利用各种自然资源条件，开展特色化乡村旅游活动，在日本，最多的还是各种综合性的休闲农场，在农场内，一般都有观景区、服务区、花卉区以及活动区，在不同的区域内，分别开展综合性经营活动，让游客得到不一样的农业体验。

1. 时令果园

在果蔬成熟的时节，果园的经营者们定期开放果园，欢迎城市居民来此游玩、采摘，并给游客提供优质的服务。游客在时令果园内，可以进行观赏、采摘等活动，还可以向专业人员学习果蔬种植、生长相关的知识和技术，在欣赏美景的同时，也能得到劳作的乐趣。

2. 专业农场

专业农场将农业生产、农产品消费和休闲旅游结合起来，并根据不同农场的自然条件，以及农产品的特征，因地制宜地进行开发和经营。专业农场又分为以单一农产品为主构成的专业农场，以及集服务区、景观区、草原区、森林区、水果区和花卉区等于一身的综合性专业休闲农场。

3. 休闲农庄

休闲农庄是"农家乐"旅游的最佳度假住宿场所，可以说是城市居民度假旅游的会馆。但是，农庄经营者在对农庄进行管理和经营的过程中，必须要严格遵守酒店法的相关规范，要主动加入旅馆协会，每个月要定期接受行业协会的培训和指导。

4. 乡村农园

乡村农园这一旅游形式主要面向的是城市儿童。在假期，城市儿童可以到农村来体验生活，学习一些简单的农业知识，并在此开展户外活动等，从而得到快乐的学习和生活体验。

5. 农村公寓

农村公寓这一乡村旅游形式主要面向的是老人群体，为老人提供疗养、保健、休闲等服务。20世纪90年代，日本进入老龄化社会，在这样的形势下，很多老年服务应运而生。大部分老年人都热衷于健康养生，喜欢通过接触大自然来愉悦身心、陶冶性情。并且，老年人时间比较充裕，也有足够的退休金，因此在农村公寓中，老年人是重要的客户。

通过以上分析我们可以知道，日本的乡村旅游项目以休闲型旅游为主，旅游项目普遍具有较强的娱乐性和参与性，并且形式十分新颖。

（三）经验借鉴

1. 政府重视，协会监管

跟美国政府对乡村旅游发展采取少干预的策略不同，日本政府直接参与到旅游规划和发展之中，由农林水产省负责其管理、咨询、提供补助经费和贷款等相关事宜。在日本政府看来，农村青壮年外流，农业生产力下滑，公害污染严重等情况下，必须要大力发展乡村旅游，这一方面可以促进农村经济发展，从而起到稳定农村人口，提升农村经济收益的作用；另一方面还可以促进环境保护，并使消费者的旅游需求得到充分满足。

旅游行业协会的活动可以分为两个方面。一方面，基于旅游市场的自由企业制度和公平竞争的基本秩序，行业协会先为内部成员服务，帮助其解决问题，为成员企业提供国内外旅游形势的各种情报，并且，帮助企业培养优质人才，对企业的经营管理提出合理建议，密切本行业企业或相关产业间的交流，进行信息沟通和经营协调；另一方面，行业协会立足于本行业在国内产业结构和国际关系中的地位进行考察，向政府提出意见和建议，派代表参加政府的各种会议，谋求对政策的制定产生影响，以使本行业获得更大的发展空间。

2. 政府推广"生产、研发、休闲"农园农业模式

日本的农村生产加工、科技研发，以及休闲农业，都体现了一种新的乡村旅游模式，即日本式农园农业。其主要特点有三：

一是，农业、农村、农民一体化经营管理，构建的是没有围墙的、开放式的农园，农民在公园里进行生产、生活、休闲等活动，这也可以看做是新农村建设的典范。

二是，生产、加工、销售一体化运作，使得农产品附加值和经营效益大大提升，改变了农业弱势的现状，日本农民收入大幅度提升就是最好的证明。

三是，政府、村委会、财团协会三位一体，促进当地农村经济发展，提升当地农民生活质量。在城市长期居住的市民，对农村生活有着强烈的渴望，并且渴望了解农业、参与农业。因此，应运而生的市民农园通过推广和宣传吸引了市民租地经营，全程自己劳动、管理和收获，在真正意义上参与农业、体验农业。

（四）案例：日本水上町工匠之乡

1. 项目概况

走观光型农业之路的日本乡村水上町的"工匠之乡"包括"人偶之家""面具之家""竹编之家""陶艺之家"等近30余家传统手工艺作坊，其旅游概念的提出吸引了日本各地成千上万的手工艺者举家搬迁至此。

2. 主要项目及产品

核心旅游项目包括胡桃雕刻彩绘、草编、木织、陶艺等传统手工艺作坊，其形式丰富多样，对游客有着较强的吸引力。水上町处于群山环绕之中，当地的居民基本都是通过务农维持生计，比如种植水稻、养蚕、栽培香菇等。该区域的整体定位为农园，通过探索农业和观光业相互促进、振兴地方经济之路。目前，水上町已经建成了农村环境改善中心、农林渔业体验实习馆、农产品加工所、畜产业综合设施等。

水上町的旅游产品丰富多样，包括乡村生活体验游、温泉养生度假游、田园风光观光游、传统工艺体验游。业态设置也十分丰富，包括特色餐馆、水果采摘、温泉中心等。

3. 模式借鉴

水上町的"一村一品"特色旅游产业发展模式，有效推动了当地经济发展，提升了当地农民的生活水平，并且为建设现代化新农村做出了卓越的贡献，其经验是值得我们思考和借鉴的。在水上町旅游的过程中，游客可以现场观看手工艺品的制作过程，还可以在手工艺人的指导下亲自参与制作。"工匠之乡"最大的卖点就是传统的特色手工艺，并以此进行产业化发展和整体营销，提供产品生产的现场教学和制作体验，吸引了大量游客前来，可以说获得了很大的成功。

四、西班牙

（一）发展概况

在欧洲，除了瑞士之外，西班牙是山最多的国家，所以，发展乡村旅游，西班牙有着优越的自然条件。1986年前后，西班牙的乡村旅游开始发展起来，在1992年以后，发展速度加快，目前已经成为西班牙旅游发展的重要组成部分。西班牙人对乡村旅游予以了高度重视，每年都有很多西班牙人选择乡村旅游点作为度假地点。除了西班牙国内的游客外，一些从欧洲其他国家远道而来的游客，也选择到西班牙的乡村旅游点来亲近自然，享受身心的愉悦。

20世纪90年代，为了适应全球化的冲击，西班牙开始发展乡村旅游，在政府的大力扶持下，农村的基础设施得到改善。在这个过程中，农业部分做出了很大的贡献。1992年，西班牙只有36家乡村旅馆（而当时法国有多达36000家），现在合法的就有7000多家，还有15000~20000家没有经过政府根据标准认定的乡村旅馆。在1992到1998年之间，西班牙政府在乡村旅馆建设方面投入了很多精力，在很大程度上改善了乡村旅游设施。但是，在1998年以后，西班牙乡村旅游的设施并没有得到大幅度增长，而乡村旅游的形象却大大改善。乡村旅游的发展，让人们意识到，必须充分利用农村的设施和条件，这是促进经济发展的重要举措。

在最近的12年中，西班牙乡村旅游工作开始关注旅游形象的塑造。在乡村旅游的发展过程中，西班牙农村在很多方面都发生了重大的变化，最明显的就是经济水平得到提升，村民生活得到改善。旅游发展促进了农村经济结构的变化，改善了农村的设施和环境。目前，在西班牙，并不存在农业方面的问题，只有农民问题。因为农民仅仅占全国人口的4%，但是农业产值却相当高。当然，通过发展乡村旅游促进农村的发展变化，主要依靠农民思想观念的转变。在农村，农民观念的转变基本要得益于乡村旅游。比如，在三年内，一个农民接待了几百个客人，那么不可避免地与之产生交流，久而久之，农民的思想观念就在潜移默化中悄然转变。

（二）产品类型

西班牙是世界上著名的旅游大国，也是欧洲乡村旅游的发源地。在西班牙，最早是对废弃的城堡进行改造。借此开展旅游活动，主要类型包括房屋出租型、山地度假型、乡村观光型，并开展骑马、登山、漂流等多种趣味性较强的项目。

（三）发展模式

在西班牙，农村直接经营乡村旅游的农户很少，据西班牙专家比德罗·希尔在中国开办培训班时介绍，一个有1000人口的村镇上只有3户有乡村旅馆。尽管直接经营乡村旅游的农户很少，但是，通过售卖农产品，经营手工艺品而获益的农户则有很多。因此，整个村子对这三家的经营状况都十分关注。由于旅馆年入住天数一般不超过三个月，所以西班牙乡村旅游业主60%的收入以上都是非旅游收入，其他农户的旅游收入就更少了。所以，西班牙乡村旅游的直接经济收益并没有那么多，但是，间接的收益却很多。比如，通过发展乡村旅游，城市和农村的交流日益频繁，农民对城市、经济、政治等的看法都会在潜移默化中发生转变，农民思想的进步对农村经济发展有着重要的推动作用。

西班牙乡村旅游协会是一个民间的联合体，它和政府有着良好的合作关系，在推进西班牙乡村旅游发展中起着非常重要的作用。它使很多业主自发地联合在一起，西班牙超过60%经营乡村旅游的业主都加入了这个协会。该协会有一个内容非常丰富的网站，网站上有各个会员单位的介绍，游客可以直接在网站上进行预订。协会还把各个会员单位组织起来，通过预订中心、报纸广告和互联网等手段进行统一的营销推广。为了保证乡村旅游的质量，协会还自行规定了一些标准，要求会员单位执行。

西班牙政府对乡村旅游的发展予以了高度重视，在西班牙，每个地区政府都对乡村旅游进行了立法，通过立法来确保乡村旅游的重要地位。西班牙政府给乡村旅游制定了很多标准，其中有很多标准是需要强制执行的，这有效保证了西班牙乡村旅游的质量，有助于其良好旅游形象的打造。比如，对乡村旅馆，法律规定必须是具有 50 年以上历史的老房子，而且最多提供 10～15 个房间，开业需要申请，经过政府审核合格，才发给开业许可证。不符合上述标准的就拿不到开业许可证。

如果使用仅有 20 年历史的房子，或者使用新建的房子来经营乡村旅游，是违反法律的，因为这样做拿不到营业执照。政府对此有十分严格的监督，如果查到有非法开办的旅馆，那么这些旅馆就必须停止营业，并且业主还要面临一定数额的罚款。当然，现在西班牙政府也在根据实际情况来修改和完善相关法律法规，以建立乡村中不同类型旅馆的区分制度，解决那些不合法的旅馆的身份问题。

除了资金支持之外，对于乡村旅游发展，西班牙政府还提供技术上的帮助，比如，对乡村旅游的营业人员进行指导和培训，帮助当地农民了解自身文化，并保护自身文化，使农民认识到农村自然环境的多方面价值。在发展乡村旅游的过程中，如果乡村自身的文化和环境遭到破坏，那么这是非常大的、无法弥补的损失。乡村旅游永远不能完全代替农业，否则就失去了乡村旅游的本意，乡村旅游也就失去了独特魅力，很难再对游客产生吸引力。

（四）经验借鉴

在乡村旅游发展过程中，我们要注意主客交流和生活方式的体验，在农舍内，游客能够跟农场主人一起生活，因此能够得到更真实、更深刻的生活体验。

乡村旅游的经营形式应该多样化，在农场范围内，游客可以租下整个农场，不依靠农场主人的帮助，独立料理生活上的各种事务。也可以在农场内搭帐篷露营，或者开展旅行车旅行活动。

（五）案例：西班牙政府发展乡村旅游举措

1. 用行业标准确保乡村游质量

西班牙国家和地方政府就乡村旅游制定了很多行业标准，在开展乡村旅游的过程中，政府要对参与乡村旅游开发的农户进行严格考核，向具备条件的接待户颁发"旅游接待许可证"。

2. 改造城堡或大农场，建成乡村旅游社区

政府早在1967年就启动了农户度假规划，规划要求如下：公众性，要求农户要有适当的组织；官方支持（法律和财政）；乡村吸引城市人口的信息传播。

参考文献

[1] 时小琛. 乡村振兴战略下吉林农产品品牌化研究 [D]. 长春：吉林大学，2022.

[2] 孙德征. 乡村振兴战略背景下县域治理研究 [D]. 长春：吉林大学，2022.

[3] 张明双. 乡村振兴战略背景下西秀区农村人居环境协同治理研究 [D]. 贵阳：贵州大学，2022.

[4] 段宇生. 乡村振兴战略下湖南省农村文化产业发展对策研究 [D]. 长沙：中南林业科技大学，2022.

[5] 张思路. 乡村振兴战略下湘阴县特色农业发展研究 [D]. 长沙：中南林业科技大学，2022.

[6] 于飞. 乡村振兴战略背景下农村环卫发展问题研究 [D]. 泰安：山东农业大学，2022.

[7] 陈亚文. 乡村振兴战略下的沂蒙山区民宿室内设计研究 [D]. 天津：天津师范大学，2022.

[8] 蒋倩. 乡村振兴战略背景下慈利县农村产业振兴研究：成效评估与政策优化 [D]. 株洲：湖南工业大学，2022.

[9] 曲洋样. 乡村振兴背景下城郊型乡村资源环境承载力评价研究 [D]. 株洲：湖南工业大学，2022.

[10] 龚彩霞. 乡村振兴战略背景下贵州农村党员的先锋模范作用研究 [D]. 贵阳：贵州师范大学，2022.

[11] 蔡梁. 杭州市琴山蓝湾村落景区景观资源综合评价研究 [D]. 杭州：浙江农林大学，2021.

[12] 余海涛. 现代农村经济管理的核心任务探究 [J]. 农机使用与维修，2020(07)：68.

[13] 薛雯. 南泥湾景区金盆湾村落文化基因活化路径研究 [D]. 西安：长安大学，2020.

[14] 周海燕. 云和县坑根村传统村落保护性旅游开发研究 [D]. 兰州：西北师范大学，2020.

[15] 李华. 现代农村经济管理的核心内容认识实践 [J]. 农业开发与装备，2020（04）：59+88.

[16] 樊漓. 现代农村经济管理的核心内容浅析 [J]. 辽宁经济，2019（12）：50-51.

[17] 谢维全. 景区依托型村落活化路径研究 [D]. 南宁：广西大学，2019.

[18] 郑习文. 基于文化保护的传统村落景区建设研究 [D]. 湘潭：湖南科技大学，2019.

[19] 韩成玉. 对现代农村经济管理的核心内容的研究 [J]. 现代经济信息，2019（01）：69.

[20] 耿志力. 现代农村经济管理的核心内容研究 [J]. 时代农机，2018，45（10）：15.

[21] 魏聪慧. 古村落旅游景区农户获得感影响因素研究 [D]. 上海：上海海洋大学，2022.